S

Michela Murgia
Chiara Tagliaferri

MORGANA

Storie di ragazze
che tua madre non approverebbe

MONDADORI

A librimondadori.it

Morgana
di Michela Murgia e Chiara Tagliaferri
Collezione Strade blu

Disegni di MP5 © 2019 www.mpcinque.com

ISBN 978-88-04-71711-9

© 2019 Mondadori Libri S.p.A., Milano
Pubblicato in accordo con Michela Murgia e Chiara Tagliaferri
c/o Agenzia Letteraria Kalama
Pubblicato in accordo con Storielibere.fm

I edizione settembre 2019

MORGANA

a Claudette Colvin

INTRODUZIONE

La prima donna nera arrestata per essersi seduta in un posto per i bianchi su un autobus dell'America del 1955 non si chiamava Rosa Parks, ma Claudette Colvin. Aveva quindici anni, era incinta di un uomo sposato molto più vecchio di lei, veniva da un contesto familiare degradato e non apparteneva al movimento per i diritti civili: era solo stanca. Come mai il suo nome è stato dimenticato e nel racconto di quella rivolta ci è entrata invece Rosa, che compì la sua disobbedienza civile ben nove mesi dopo, da donna matura proveniente da una famiglia rispettabile, nonché attivista consapevole dei diritti civili? La risposta è semplice: ci piace sentire storie eroiche, ma gli eroi e le eroine, anche se fanno cose che noi non faremmo mai, devono assomigliare almeno un po' a qualcuno che noi stesse e noi stessi vorremmo essere. Claudette dimostra che per le donne questa regola è vera due volte: per diventare davvero popolare, la protagonista di un'avventura dove si arriva a un successo deve dimostrare non solo di averlo raggiunto, ma anche di aver voluto arrivarci con il massimo dell'impegno possibile e di averlo meritato nonostante gli ostacoli, grazie a una vita o a sentimenti ammirevoli. La chiamano "sindrome di Ginger Rogers" e implica che per stare accanto a Fred Astaire tu faccia le stesse cose, ma all'indietro e sui tacchi a spillo. È il migliorismo femminile, una sottile pratica misogina che non dice più che le donne non possano raggiungere gli stessi traguardi degli uomini, ma che se vogliono raggiungerli devono essere migliori degli uomini.

In questo libro ci sono donne che la sindrome di Ginger Rogers non l'hanno mai avuta e ai loro traguardi ci sono arrivate lo stesso. Sono mistiche guerrafondaie, fantasmi che si aggirano nella brughiera, bambine ciniche, pornostar col cervello, atlete scorrette, regine del circo della vita, stiliste straccione, estremiste della ferita come arte, architette senza compromessi e icone trasgressive contro tutti i canoni. Difficile invocare sorellanze ideali: queste donne sono tutte "figlie uniche" e forse è meglio così. Buoni sentimenti nelle loro vite ne troverete pochissimi: avevano i propri, come tutti, e che fossero buoni o cattivi non è sembrato mai loro un problema. Molte hanno lottato duramente per conseguire i propri risultati, ma nessuna lo ha fatto in modo accettabilmente eroico. Sono state attaccate, disprezzate, condannate, additate, e se i tempi fossero stati diversi sarebbero state tutte bruciate. Alcune hanno avuto famiglie terribili che hanno fatto di loro delle sopravvissute, altre sono cresciute in famiglie felici e hanno dovuto farci i conti lo stesso, ché quando sei fuori dagli schemi pure la felicità è qualcosa a cui dovrai sopravvivere. Hanno avuto figli oppure hanno scelto di non farli, ma la maternità vissuta o non scelta non è mai stata la loro gabbia. Tutte hanno pagato a carissimo prezzo ogni passo, ma anche nei percorsi di vita più egoistici e solitari hanno saputo tracciare, consapevoli o meno, il pezzo di strada in più che anche noi oggi percorriamo. Le loro non sono storie edificanti, ma di sicuro sono educative. Formano alla libertà, alla presa di distanza dalle regole imposte e al coraggio di essere se stesse anche quando intorno nessuno capisce chi sei o cosa stai facendo, donne comprese. Strane, difficili, non convenzionali e persino stronze, a modo loro tutte vengono dal misterioso albero genealogico di Morgana, un seme che passa di mano in mano e arriva a chiunque, maschio o femmina, voglia vivere senza dover giustificare l'unicità della propria storia. La storia di Rosa Parks ci è arrivata perché era la storia di una donna "giusta" seduta al posto sbagliato. Quella di Claudette Colvin non ce l'hanno raccontata perché al posto giusto della storia non poteva sedersi una donna "sbagliata".

Per questo motivo il libro che avete in mano è dedicato a lei, Morgana senza averlo saputo mai.

MOANA POZZI

Primavera del 1976. Una quindicenne bellissima con uno strano sorriso da Monna Lisa e lunghi capelli biondi aspetta l'autobus a Genova. Dovrebbe indossare la divisa delle orsoline, ma preferisce nasconderla piegata in borsa: quando esce di casa si cambia dove può e mette una minigonna. Si ferma un ragazzo su una vecchia Mini Cooper e le chiede se vuole un passaggio. Il ragazzo si chiama Antonio, ha ventitré anni ed è bello anche lui. Così la ragazzina decide che sì, vuole il passaggio, e vuole anche far l'amore con lui, quindi insieme vanno nella pineta di Mornese. Non che lui le piaccia particolarmente, ma la ragazza racconterà poi che "aveva un gran desiderio di provare cosa fosse il sesso nel modo più completo", che non si divertì affatto e che passò un anno prima che facesse l'amore di nuovo. La ragazzina bellissima e Antonio non si rivedranno più e a lui farà un certo effetto, qualche anno dopo, sapere di essere stato il primo uomo di Moana Pozzi.

L'infanzia di Moana si sviluppa in un contesto familiare felice, ma proprio nel senso inteso in *Anna Karenina*: la sua famiglia è di quelle che felici lo sono in modo noiosamente conforme. Purtroppo per loro, lei conforme non lo è per niente. Nasce a Genova in piena dolce vita, nel 1961, e per imponenza di forme ed esuberanza di lineamenti sembra uscita da un sogno felliniano. Il padre è un ingegnere nucleare, la madre fa la casalinga: si vogliono bene, sono bravi genitori, persone nella norma. Il loro colpo di testa più grande sembra limitarsi ai nomi che danno alle figlie: Moana e Tamiko. Neanche a farlo apposta, il nome di Moana contiene già un potenziale equivoco, tanto che anni dopo i più fantasiosi penseranno che si tratti di un nome d'arte, ipotizzando che possa provenire dall'inglese *to moan*, "gemere". I coniugi Pozzi lo pescano invece dall'atlante geografico, scegliendo il nome di un'isola hawaiana che, tradotto dalla lingua polinesiana, significa "il posto dove il mare è più profondo".

Moana e Tamiko (il cui nome invece significa "fiore di nebbia") vengono cresciute come brave bambine. Sono sempre linde, ordinate, vestite con decoro e il rito domenicale "messa e pasticceria" è rispettatissimo. I libri in casa non mancano, ma devono prima passare il vaglio della censura paterna, e Moravia, uno per tutti, soccombe perché considerato osceno.

La scelta dell'educazione è ben calibrata, ma l'accoppiata orsoline e conservatorio si rivela troppo costrittiva per il carattere esuberante ed esibizionista di Moana. Già a tredici anni, quando va in gita con la scuola, si porta dietro una Polaroid per farsi fotografare dai compagni di classe. Le piace sentire i loro occhi addosso, si toglie il reggiseno quando scattano e li guarda dritti in faccia, con quel sorriso compiaciuto e divertito che scioglie i desideri e rende molli le gambe dei compagni. I suoi non la fanno uscire la sera, terrorizzati da questa figlia che è una bomba a orologeria, così lei scappa dalla finestra, ruba i giornaletti porno al nonno, li studia con il fidanzato più grande e ne imita le pose, ma il fidanzato quella consapevolezza così precoce lo spaventa e lo inibisce.

La scatola di Genova è già troppo stretta e appena compie diciotto anni Moana fugge a Roma portandosi appresso l'educazione cattolica e il suo desiderio stretti in un abbraccio già pacificato. Racconterà: "Fino all'età di tredici anni non ho mai provato sentimenti nei confronti di Dio se non una grande paura dei suoi possibili castighi. Quando ho avuto le prime esperienze sessuali ho sentito che non c'era niente di male, non provavo sensi di colpa e non capivo perché Dio avrebbe dovuto proibire di fare l'amore. Se ti piace una cosa, può scendere anche Gesù Cristo a dirti che non va bene, ma se a te piace, basta, non c'è altro da dire. I Comandamenti che rispetto sono:

non avrai altro Dio all'infuori di me, onora il padre e la madre, non uccidere, non rubare".

La Roma in cui arriva Moana, nel 1979, è molto diversa da quella di oggi: nonostante la liberazione sessuale abbia assestato qualche buon fendente, la pornografia e il desiderio carnale sono considerati ancora una malattia, un peccato o un reato, e in quanto tali devono essere curati, estirpati o al limite nascosti e praticati nella carboneria più assoluta. Il riferimento puritano è peraltro circoscritto al desiderio sessuale maschile, perché quello femminile in quegli anni non è nemmeno concepito. Fino al 13 maggio del 1978, quando viene approvata la legge Basaglia, bastava la testimonianza dei parenti perché le donne che esibivano un "comportamento inadeguato e abnorme in campo sessuale" potessero finire in manicomio. Il limite di ciò che era considerato abnorme era discrezionale e a volte bastava provare una pulsione men che pudica per essere accusate di "spiccate tendenze erotiche" da reprimere e punire. Nella cornice di questa morale cattolica fortissima e ipocrita, tutta a sfavore delle donne, per una come Moana i guai sono già un destino scritto. Lei infatti non solo ha le pulsioni, ma vuole farne un mestiere e non ha alcuna intenzione di praticarlo nell'ombra. In un mondo binario dove puoi essere solo santa o puttana, lei di diventare santa non ha mai avuto l'intenzione, anche se proveranno a proporne la beatificazione, dopo la morte. Così, appena arrivata a Roma, risponde a un'inserzione sul

"Messaggero", "Cercasi modella per pittore", e inizia a posare nuda. Se la contendono artisti o vecchi guardoni che vogliono – appunto – solo guardarla per 10 mila lire l'ora.

L'educazione ricevuta, disciplinata e rigorosa, le fa declinare il desiderio in modo progettuale. Sin da subito si dà delle regole. Racconta: "Per me è proibito: non sperimentare tutto ciò che ci incuriosisce, avere troppa fiducia negli altri, non sapersi lasciare andare ai sentimenti e alle passioni, non tenere in forma il proprio corpo, maltrattare gli animali e le piante e lasciarsi prendere dalla tristezza per più di una volta alla settimana". Rispettando questi precetti inizia la trafila dei concorsi di bellezza, gravitando tra feste e notti lunghissime che si trasformano in albe al bar della Pace, in attesa di una botta di fortuna che per molte non arriverà mai. Per lei però sì. Nel 1981 diventa amica di un'attrice che è bravissima a fare una delle cose che a Roma ti possono permettere di salire rapidamente mille scale sociali: tessere relazioni pubbliche tra salotti, ristoranti e camere da letto. È l'amica a consigliarle di vestirsi "il più provocante possibile" per accompagnarla a una cena dove, tra gli invitati, c'è anche un politico che ama le ragazze appariscenti. Lei, che lo è, con fierezza si descrive così: "Sono come una gazza ladra, quando vedo luccicare non capisco più nulla! Amo tutto ciò che è d'oro, quando indosso i miei gioielli mi sento meglio, mi piace tutto quello che è esagerato, vistoso, e non mi importa quando dicono che ho cattivo gusto". Dopo cena il politico, che nel libro pubblicato anni dopo Moana indicherà come "il segretario di un partito di sinistra", la invita a bere qualcosa in albergo. Diventano amanti fissi. Il politico le fa fare un servizio per "Playmen" e la aiuta a infilarsi catodicamente nelle case degli italiani come conduttrice di una trasmissione RAI – ironia della sorte – per bambini, condotta con Bobby Solo: "Tip Tap Club", nell'82. Dal programma viene licenziata quando, dopo poco, si sparge la voce che, sotto lo pseudonimo di Linda Heveret, abbia girato l'anno precedente il suo primo film porno: *Valentina, ragazza in calore*. È vero. Nel film Moana gira le scene di sesso con gran divertimento e senza vergogna: fa l'amore con quattro uomini e uno di loro, che si chiama Marco, la eccita al punto che durante le pause di lavorazione fanno sesso in bagno, appoggiati a un lavandino. A guardarle oggi, nell'era degli spezzoni di macelleria ginecologica di Pornhub, quelle pellicole sono quasi tenere, con le loro lunghissime scene al ristorante e infiniti minuti in cui i protagonisti ballano, litigano e parlano, parlano, parlano... Gli uomini nel porno di quegli anni sembrano impiegati del catasto e quando si spogliano scoprono fisici normali, magri ma non costruiti, e nessuno ha sopracciglia o petti depilati. Le donne, quando sono vestite, spesso hanno abiti con le ascelle macchiate di sudore e la chirurgia plastica non ha ancora stravolto e gonfiato i corpi.

Gli amplessi sono lentissimi, hanno poco a che vedere con la performance e molto a che vedere con la realtà: in quel sesso finto c'è un'autenticità che evoca la possibilità del vero e quando di tratta di Moana la distinzione si fa ancora più sottile.

Quando la sua attività nel mondo del porno diventa di dominio pubblico i genitori ne sono scioccati e fanno di tutto per impedirle di proseguire la sua carriera: prima non le parlano, poi si offrono di pagarle un corso di recitazione purché abbandoni quella strada. Moana ha invece deciso che è ciò che vuole fare e la sua determinazione invoglierà anche la sorella Tamiko a tentare la stessa strada (diventerà Baby Pozzi, ma con minor fortuna della sorella). Quando le chiedono come vivono la sua scelta i genitori, Moana risponde con la consueta sincerità, senza cercare scappatoie edulcorate: "Non sono felici, ma è normale. Purtroppo a volte nella vita si fanno scelte che comportano il dispiacere degli altri". I genitori si rassegneranno, mentre Moana alternerà i film porno a pellicole meno connotate, dove interpreta comunque ruoli da bellissima fatale. In *Borotalco* le faranno aprire la porta in un miniaccappatoio discinto a un preoccupatissimo Carlo Verdone e farà il bagno nuda nella piscina dell'attico di Manuel Fantoni. Comparirà in *Ginger e Fred* di Fellini e nel 1984 Tinto Brass la provinerà per *Miranda*, preferendole però Serena Grandi. Il maestro dell'erotico italiano la ricorda così: "Aveva un disincanto soave, olimpico e quel sorriso ironico e sornione della Monna Lisa accompagnato da una sessualità pagana che trasmetteva gioia e liberazione. Moana aveva qualcosa di misterioso: era la sublimazione della sessualità senza censurarla". È questa forza, questa libertà determinata a essere se stessa senza maschere, che segna la differenza tra lei e le altre belle donne che negli anni affolleranno i set sexy di tutta Italia. Di bionde ce ne sono mille e tutte giocano la propria fortuna sul cliché della svaporata, ma Moana ha studiato, ha letto (a quel punto anche Moravia) e ha capito di sé e del mondo qualcosa che le altre non avrebbero capito mai. "Credo nella volontà dell'individuo. E credo nel presente" dice pacata proclamando il suo personale *carpe diem*. È questo miscuglio di alterigia colta e di passione indomita ad attirare nel 1986 l'attenzione di Riccardo Schicchi, ex paparazzo divenuto agente delle pornodive, e a fargli capire che nel suo mazzo di carte quella donna sarà l'asso pigliatutto.

Riccardo e la sua compagna dell'epoca, Ilona Staller, stanno costruendo il primo impero del sesso in Italia e Moana decide all'istante di seguirli. Adduce motivazioni sociologiche. "La gente vive male la propria sessualità. La vera perversione è la routine, l'abbrutimento nel lavoro quotidiano. La pornografia invece esalta il lato oscuro del desiderio. Il sesso è anche nero, contorto, corrosivo; non è sempre una cosa solare, gioiosa. A me piace l'oscenità; mi annoia invece la volgarità, che è cattivo gusto e basta. Devo ammettere che ho conosciuto poche persone veramente oscene. È difficile trovare una persona capace di oscenità, è una cosa veramente speciale. L'osceno è il sublime." Seguendo questa filosofia Moana diventa una leggenda di quel cinema infarcito dai bollini rossi che – prima dell'avvento di internet – genera così tanti soldi che è difficile addirittura quantificarli. Il cinema fa molto, ma è con l'home video che il porno entrerà davvero nelle case di milioni d'italiani, alimentando un business stimato sui 50 miliardi di lire.

La brava bambina Pozzi non era certo nata indigente, ma da pornodiva Moana diventa ricca, anzi ricchissima, guadagnando fino a 150 milioni di lire al mese. Sono cifre inarrivabili anche per le star del porno di oggi, la cui carriera, incommensurabilmente più breve a causa di una rotazione di volti e corpi molto più rapida, non va oltre i sei mesi e solo nei casi migliori sfiora i 50 mila euro mensili. "Il denaro" racconta Moana "è il mezzo per poter fare e avere quasi tutte le cose che desidero. Senza soldi non mi sento né tranquilla né felice." Colleziona pellicce, e la sua casa – un attico all'Olgiata dal valore stimato in due miliardi – è un tripudio di colonne, marmi e specchi che mischia il barocco con il neoclassico e tanto, tantissimo kitsch: colleziona inginocchiatoi e acquasantiere, statue di santi e arte sacra. Ama le fontane: ne ha una secentesca di marmo in terrazza e un paio dell'Ottocento nell'ingresso. Dorme in una stanza tutta rosa con letto a baldacchino Luigi XVI mentre il bagno – l'ambiente per lei più importante – è in marmo nero e oro, carico di specchi e conchiglie. Si lava nel latte di capra ed è attentissima a non prendere mai il sole.

A questa disciplina liturgica del corpo corrisponde quella delle scelte. Sul lavoro non sbaglia un colpo, raggiungendo l'apoteosi con Schicchi e Cicciolina quando, nell'86, porta al Teatro delle Muse di Roma uno spettacolo che è entrato nella leggenda del porno. Si chiama "Curve deliziose" e dire che è all'avanguardia è tenersi bassi. Lo spettacolo ha un meccanismo semplice: Moana e Cicciolina interrogano il pubblico, in massima parte maschile, sul sesso. Lo fanno mentre si spogliano poco a poco finché rimangono nude, poi Moana va a sedersi su una poltroncina in raso bianco e comincia a masturbarsi. Nel frattempo chi tra il pubblico ha dato le risposte più interessanti viene invitato a terminare con la sua bocca ciò che lei ha cominciato. La denuncia per atti osceni in luogo pubblico scatta a nemmeno un mese di spettacolo in cartellone, ma in quelle tre leggendarie settimane di repliche Moana è diventata colei che spezza le catene, la regina del porno e del popolo. I suoi difensori urlano a gran voce che presta un servizio di pubblica utilità, permettendo anche a uomini ai margini della società di desiderarla e averla. Il teatro è infatti pieno di disabili, anziani, immigrati, tutti che vogliono anche solo guardare Moana la rivoluzionaria. Il salto mortale di passare da "Curve deliziose" al pomeriggio televisivo su Raitre, dove conduce con Fabio Fazio il programma per ragazzi "Jeans", solo lei poteva immaginarlo e compierlo. La Federcasalinghe la costringe a ritirarsi con una motivazione degna di Bocca di Rosa: "Non vogliamo che i nostri soldi versati per il canone servano a retribuire simili personaggi". L'attacco dei benpensanti aumenta la sua fortuna. Diventa la Giovanna D'Arco del sesso libero, martirizzata dalle casalinghe che danno buoni consigli perché non possono più dare il cattivo esempio.

Passano pochi mesi e Antonio Ricci la chiama a far parte di un programma di satira, "Matrjoska", che susciterà infinito scalpore senza essere in realtà visto da nessuno. La prima puntata registrata verrà infatti cancellata a poche ore dalla messa in onda prevista. Ricci non demorde e si porterà Moana all'"Araba fenice" dove, finalmente, lei riuscirà a farsi vedere nuda sul piccolo schermo. Le comari del paesino gridano ancora allo scandalo, ma ormai Moana è la paladina erotica di ogni italiano e diventa un personaggio nazionalpopolare, con una pletora d'intellettuali, scrittori e giornalisti pazzi di lei. Con la sua spregiudicatezza diventa, paradossalmente, l'icona di un nuovo modello di femminismo. Racconta: "Le femministe (quelle stupide) mi accusano di essere una donna oggetto perché nel mio lavoro di pornostar mi presto a tutte le fantasie sessuali degli uomini (che poi sono anche quelle delle donne). Io invece non mi sento usata e mi piace rappresentare il sesso in tutte le sue forme. Per me la donna oggetto è la casalinga che lava, cuce, stira e cucina per la famiglia, molto spesso con poche gratificazioni". E lei la libertà la vive a modo suo, con quegli abiti che sembrano usciti dai sogni a fumetti con Jessica Rabbit, un sorriso disarmante e la capacità d'argomentazione di una nobildonna abituata ai migliori salotti. I programmi in cui compare fanno valanghe di ascolti, ma spesso rappresentano anche trappole, da cui lei però si libera con eleganza. Ospite di Pippo Baudo, si sentirà chiedere da un gruppo di donne indignate: "Se un giorno diventerà mamma cosa dirà ai suoi bambini?". E lei risponde: "Non credo che farò mai figli, perché far nascere una persona e costringerla ad accettare certe scelte non credo sia giusto. Un uomo adulto, frequentandomi, accetta in coscienza di affrontare le difficoltà che derivano dalle mie scelte di vita, ma un bambino no, un bambino ne sarebbe costretto. Quindi probabilmente non avrò figli". Moana sorride e abbassa gli occhi, le signore in tailleur applaudono commosse. Ha vinto lei. Che invece il figlio, cresciuto dalla madre come suo fratello, lo avesse già avuto mentre era ancora minorenne nessuno è mai riuscito a farglielo ammettere, perché della vita privata della donna più a nudo d'Italia alla fine si saprà pochissimo.

Racconta a Marzullo di fare una vita ritirata e di avere pochissimi amici, perché le piace stare sola. Legge molto, da Moravia a Edgar Allan Poe, pas-

sando per Anaïs Nin e Marguerite Yourcenar. Dice
che i suoi fidanzati sono gelosi, che sempre le chiedono di smettere con la pornografia, ma purtroppo
per loro non ha mai pensato di rinunciare a qualcosa che la fa sentire sicura. Quando Marzullo insiste
a domandarle se prova vergona a fare il suo lavoro, lei serafica risponde: "Provo vergona solo se mi
vedo un difetto, non certo per il nudo. E dico: accidenti, devo rimediare. Quando una donna giovane
si spoglia, è così una cosa bella... Magari mi può dar
fastidio vedere una donna che non ha più l'età per
farlo. Andare contro l'estetica mi sembra un delitto.
Io sono un'esteta assoluta. Non sopporto di vedere
le cose fuori posto".

Nell'87, comincia anche la sua carriera politica: si
presenta alle elezioni con il Partito dell'Amore. L'abolizione della censura e la libertà del piacere sono
tra le priorità del partito: tra le sue battaglie ci sono
la riapertura delle case chiuse e la creazione di "parchi dell'amore". L'operazione fallisce, ma il suo tasso
di popolarità è alle stelle. Nel frattempo il mondo immaginato da Moana e Schicchi diventa a poco a poco
più reale: le donne cominciano a dire "scopare", come
gli uomini, invece di "fare l'amore", e finalmente non
si vergognano più a parlare di puro desiderio sessuale, senza il bisogno di giustificarlo con parole d'amore. A missione raggiunta, Moana può finalmente fare
una cosa romantica: nel '91 si sposa infatti a Las Vegas con Antonio Di Ciesco, il suo ex autista, e scrive

La filosofia di Moana, un libro-memoriale entrato nella leggenda, dove assegna pagelle alle qualità amatorie di attori, comici, sportivi, intellettuali, cantanti e anche di qualche politico della Prima Repubblica. Se lo stampa a proprie spese, perché nessuna casa editrice lo pubblica: hanno tutti paura delle denunce che possono fioccare.

Già che c'è, visto che è una vera imprenditrice, crea una casa editrice tutta sua, la chiama Moana's Club, sceglie un logo beffardo e ammiccante – un gatto che tiene un topo in bocca – e decide di distribuire il libro nel luogo dove gli uomini di tutte le età lo comprano di nascosto: le edicole (sarà una scelta lungimirante, il memoir andrà a ruba). Alla presentazione accoglie i giornalisti in culottes e reggiseno di paillettes nere ben visibili sotto una vestaglia di seta nera lunga, tenuta più o meno insieme da un solo eroico bottone. Tutti parlano esclusivamente delle fantomatiche pagelle sulle performance sessuali, in moltissimi sono preoccupati di essere "rimandati" e in effetti i voti sono piuttosto sorprendenti. Beppe Grillo, promosso con un 7, la fa cadere nel cliché dell'uomo "che piace perché ti fa ridere", ma aggiunge: "A letto ci sapeva fare ed era dolcissimo". A Falcao va decisamente male, si prende un 5, mentre Marco Tardelli si guadagna il punteggio più alto di tutti: un 8 pieno; bene Luciano De Crescenzo (7), nella sufficienza Massimo Troisi e Massimo Ciavarro, senza voto Robert De Niro (in Italia perché stava girando *C'e-*

ra una volta in America), che rimane a bocca asciutta perché lei gli preferisce l'amico Harvey Keitel. Su Roberto Benigni c'è forse il racconto più divertente: Moana s'infila con un'amica nel suo letto mentre lui dorme e lo sveglia. Rannicchiato come un pulcino, con canottiera di lana, mutande e calze, Benigni si alza e scappa dall'agguato correndo per tutta la stanza e gridando: "Ma io mi vergogno!". Prima di quel libro i voti sul sesso li avevano dati solo gli uomini alle donne e per molti di loro deve essere stato davvero scioccante ritrovarsi dalla parte del giudicato, anziché del giudice.

Sempre nel '91 Mario Verger la trasforma in cartone animato e la ritrae, su sua stessa indicazione, come un'Alice nel Paese delle meraviglie, giovane educanda che ascolta *The History of Italy*, favola di un'Italia corrotta che oscilla fra stragi e massoni, raccontata da un immaginario tutore ispirato a Licio Gelli. Moana gioca a cricket con un fenicottero che ha il volto di Antonio Di Pietro in un castello di cuori dove le carte da gioco hanno la forma delle tessere di partito democristiane e socialiste, e Pannella è il Brucaliffo. Effettivamente Moana è proprio così, un'Alice che sembra ricalcare il cliché della donna oggetto, ma che nessuno riesce mai, nemmeno durante un amplesso, a possedere veramente. Proseguendo imperterrita nel suo gioco di associazione tra politica e spettacolo, nel 1993 si candida a sindaco di Roma e contemporaneamente conquista le passerelle: non entrerà al Campidoglio, ma

Karl Lagerfeld la farà sfilare con un costume da bagno di Fendi bianco e rosso, alla cui vista Anna Wintour si alzerà andandosene indignata. Karl replicherà pacifico: "Le donne si muovono come Moana, mica come top model". Nel suo ultimo film, girato poco prima di morire, Moana è bellissima e molto magra, le sue braccia sono diventate sottili e gli attori che lavorano con lei in quegli ultimi fuochi racconteranno poi che per i primissimi piani durante gli amplessi usava una controfigura. A trentatré anni l'idea di perfezione che aveva di sé era già venuta meno e non voleva più rivedersi.

Sempre in quella famosa intervista da Baudo, concepita come un ring con "tutte le donne versus Moana", alla domanda: "Come s'immagina a cinquant'anni?" lei risponde così: "M'immagino ancora una donna piacente e mi darò da fare per continuare a esserlo. Dopo non mi immagino più". Ma Moana ha dovuto smettere d'immaginarsi molto prima di compiere cinquant'anni. Una delle sue massime più citate è "Vivi come se dovessi morire domani, pensa come se non dovessi morire mai". Il 17 settembre 1994 viene diffusa la notizia che Moana è morta il giorno 15 in una clinica di Lione, per un tumore al fegato. Le circostanze in cui la morte viene comunicata sollevano però molte voci. Il decesso viene reso noto solo 48 ore dopo e si viene a sapere che i genitori, unici eredi, hanno accettato il patrimonio della figlia una settimana prima della dichiarazione della morte della stessa, come si vede dall'atto notarile che porta la data del 7 settembre, quando ancora non esiste il certificato di morte. Nessuno riesce a fotografarne il corpo e la salma viene cremata immediatamente, con i funerali che si tengono in forma privata e nessuno che sappia dove sono conservate o disperse le ceneri. Come era prevedibile, intorno a queste nebbie nascono decine di teorie: Moana era una spia al servizio del KGB e l'hanno eliminata perché avrebbe potuto rivelare cose scomodissime; Moana è ancora viva, con Jim Morrison o Elvis, in qualche parte del mondo dove fa sempre caldo; Moana ha scelto l'eutanasia e ha nascosto di avere una malattia che a nominarla fa ancora paura (una volta, in un'intervista aveva detto: "Chi ha voluto soddisfare i suoi gusti ha continuato a farlo nonostante l'AIDS. Il sesso è come la droga, non si riesce a smettere, e la vita non ci promette l'eternità in cambio di precauzioni. Io magari morirò prima di altri, ma mi sarò divertita molto di più"). Sui muri di Roma compaiono scritte e graffiti in sua memoria. La morte la trasforma in una leggenda da venerare con malinconia e rispetto.

Si scoprirà poi che nei mesi precedenti alla scomparsa aveva iniziato un percorso quasi "mistico" e "spirituale", andando in India da Sai Baba e rileggendo le *Confessioni di Sant'Agostino*; frequentava indifferentemente santoni e arcivescovi e non disdegnava di affidarsi alle preghiere controverse di monsignor Milingo. Dopo la sua scomparsa, il cardinale Michele

Giordano, arcivescovo di Napoli, durante la cerimonia del miracolo di san Gennaro la ricorda con affetto pregando per "la nostra povera figlia pornodiva". L'attico, i gioielli, ciò che resta dei suoi conti in banca, i proventi del suo lavoro, tutto insomma, viene devoluto – secondo le sue disposizioni – alle associazioni che si occupano della ricerca sul cancro. A questa scomparsa non segue però alcun oblio. I suoi video continuano a essere tra i più venduti e i misteri su di lei non finiscono, anzi aumentano con il passare degli anni. Il suo nome non cessa di suscitare pruriti, al punto che nel 2016 la Disney ha in fretta e furia cambiato il nome dell'eroina del film *Oceania*, figlia del capo di un villaggio della Polinesia, da Moana in Vaiana, proprio per non inoculare il fantasma di una figura così disturbante nel mondo zuccheroso delle eroine disneyane.

In un mondo in cui alle donne toccava ancora soprattutto il posto delle formiche, angeli del focolare, premurose riproduttrici e disciplinate stipatrici di provviste per tutta la comunità, Moana ha rivendicato per tutta la sua breve vita il diritto a essere cicala di un'eterna estate, anche a costo di doverlo fare da sola. "Vorrei essere eterna, vorrei non finire mai. Sarebbe una cosa meravigliosa" diceva nelle interviste, e in fondo è quello che pensiamo tutte quando vediamo arrivare la bella stagione e possiamo scoprirci un po', accettando il calore senza sensi di colpa solo perché a portarcelo è qualcosa che viene dal cielo, invece che da dentro di noi. L'interpretazione che Moana ha dato del tempo è quella che ne dà la giovinezza, l'unico spazio della vita in cui ci si può prendere il lusso di essere più temerarie che sagge, più irruenti che misurate, vive come non saremo mai più.

CATERINA DA SIENA

Nei quadri delle chiese cristiane di tutto il mondo c'è una donna con un giglio in una mano e un libro nell'altra, i simboli della purezza e della dottrina.

È la figlia del tintore e a Siena passa per pazza o strega, nella migliore delle ipotesi si mormora sia "strana". Tra i suoi concittadini c'è chi dice che è una veggente e che sa leggere nel pensiero, chi che è serva di Dio e chi invece del diavolo. È semianalfabeta, eppure scriverà *Il dialogo della Divina Provvidenza*, uno dei capolavori della letteratura mistica e della prosa italiana del XIV secolo. Caterina di Jacopo di Benincasa, che oggi chiamiamo Caterina da Siena, è una religiosa, teologa, filosofa e mistica italiana. Dopo la sua morte l'hanno proclamata santa, dichiarata dottore della Chiesa, patrona d'Italia insieme a san Francesco d'Assisi e compatrona d'Europa, ma per gran parte della sua vita è stata semplicemente una donna che nessuno capiva.

Nasce in Toscana nel 1347 nel rione senese di Fontebranda, nella contrada dell'Oca di cui oggi è patrona. È un momento storico di transizione, quindi complicatissimo, ma anche incredibilmente florido da un punto di vista culturale: Giotto è morto da appena una decina d'anni lasciando una nutrita scia di allievi, e solo trent'anni prima Dante Alighieri scriveva ancora le sue rime viaggiando su e giù per l'Appennino toscano. In Italia però la vita a quel tempo è un accidente occasionale: fortunato è chi muore anziano nel suo letto. Gli altri possono serenamente mettere in conto di venire imprigionati o decapitati per il capriccio di un notabile, arsi in piazza per un'opinione sgradita o gettati nella spazzatura se nati dentro una povertà già troppo rigida. Anche tra i ricchi si vive poco e male, le lotte fratricide sono all'ordine del giorno e la politica è tinta con il sangue. L'Europa è flagellata dalle guerre, dalle carestie e dalle pestilenze, il papa è scappato ad Avignone e la cristianità è minacciata da decine di movimenti ereticali. Una vecchia maledizione cinese recita: "Possa tu vivere in tempi interessanti", ma forse neanche un cinese si sarebbe spinto ad augurare ai suoi nemici gli anni ribollenti in cui nacque Caterina Benincasa.

È la ventiquattresima di venticinque figli e la sua nascita è insieme una gioia e un lutto: Caterina ha infatti una gemella, Giovanna, ma la sorellina muore quasi subito e il senso di colpa per essere la sopravvissuta la affliggerà per anni, condizionandola anche nel carattere. Sin da bambina ha un comportamento fuori dal comune: non gioca, non fila e non cuce. Sta in disparte, fissa il vuoto per ore e parla pochissimo. Non aiuta la madre in casa, ma la accompagna sempre a messa, perché le piacciono molto le storie dei demoni. Oggi una diagnosi di disturbo comportamentale non gliela leverebbe nessuno, ma allora la reazione intorno a lei fu soprattutto di irritazione, velata di preoccupazione. A cinque anni Caterina mostra una devozione religiosa fuori dalla norma persino per quei tempi: sale le scale di casa in ginocchio due volte al giorno e a ogni gradino prega la Vergine. Racconta ai genitori attoniti di avere delle visioni: da Gesù Cristo agli apostoli, passando per il papa e gli angeli, le sue prime estasi fanciullesche sono affollatissime. A sei anni dichiara che le è apparso Gesù con tre corone sul capo e un gran mantello rosso, con accanto san Pietro, san Giovanni e san Paolo. A sette, con una precocità inquietante, fa voto di castità e abbandona le bambole per il cilicio. Non mangia carne, che passa di nascosto ai suoi fratelli o ai gatti, dorme poco e prega continuamente. In casa sperano che quel comportamento crescendo le passi, ma le cose non vanno così.

A dodici anni Caterina è uno splendore: bionda e giunonica, sanissima e decisamente bella, ha una grazia che alimenta le speranze del padre di poterla dare in sposa in un buon matrimonio. Jacopo Benincasa ha però fatto male i conti: la ragazzina rifiuta categoricamente il destino di moglie e rigetta il modello di sua madre Lapa, con la quale ha profondi disaccordi, e dichiara di considerare umiliante per sé un'idea di femminilità votata solo a mettere al mondo figli e curare la casa. Sono parole senza senso nel mezzo del XIV secolo e come tali vengono accolte. La famiglia è spaventata da questa strana creatura che li prega ossessivamente di farla entrare nelle mantellate (le terziarie domenicane si chiamano così per via del mantello nero che copre la loro veste bianca) e le rifiuta il permesso, sperando che cambi idea. Caterina però non si arrende. Nel sospetto che sia la sua bellezza a nutrire le speranze di darla in moglie a qualcuno, si taglia i capelli per imbruttirsi e per protesta contro la socialità che vogliono imporle sceglie una segregazione volontaria dal mondo. I genitori, sempre più convinti di avere a che fare con una capricciosa invasata, la costringono a pesanti lavori domestici per toglierle "quelle strane idee" dalla testa.

A quindici anni l'equilibrio di Caterina è nuovamente turbato da un lutto importante: muore di parto la sorella a cui era più legata, Bonaventura, e la madre Lapa decide che la giovane Caterina debba sposare il genero, rimasto vedovo con un neonato. Le motivazioni sono principalmente economiche, dato che si tratta di un ricco tintore e fa già parte della famiglia. Caterina però non ha alcuna intenzione di sposare il cognato né alcun altro e i giorni difficili di quella trattativa la provano fisicamente in modo drammatico: si rifiuta di mangiare anche il poco cibo che fino a quel momento aveva sempre consumato, si causa il vomito ficcandosi in gola steli di finocchio e in poche settimane perde metà del suo peso. Il digiuno è un atto di resistenza, un vero sciopero della fame, al termine del quale i genitori devono arrendersi e rispettare il suo categorico voto di castità. Caterina, benché debilitata, osserva ancora le consegne dei pesanti lavori domestici, ma quando ha finito non smette di chiedere di poter stare sola e di avere un rifugio. Virginia Woolf sarebbe nata cinquecento anni dopo, ma la tenace adolescente senese aveva già trovato il coraggio di dichiarare al suo mondo il bisogno di avere una stanza tutta per sé. La leggenda postuma su Caterina dice che il padre a quel punto si sarebbe commosso dinanzi a tanta fede, ma è probabile che più della convinzione poté lo sfinimento. Le cede infatti l'uso di uno stanzino angusto e freddo, un buco nella pietra fino a quel momento utilizzato per il deposito dell'olio e del grano. È una specie di grottino senza finestra, con solo una minuscola feritoia sul soffitto, ma lei lo trova perfetto: ci porta una tavola di legno che userà come letto e si auto mura lì dentro. La madre le lascia il cibo davanti alla porta di quella "cella", ma lei non tocca quasi nulla, solo qualche verdura cruda. La mancanza dello stimolo della fame è una costante nella vita dei mistici, che tramite quell'anoressia di natura spirituale ottengono due effetti: da un lato il santo testimonia evangelicamente alla comunità che "non di solo pane vive l'uomo", dall'altro il distacco dal cibo materiale mantiene in lui una lucida "fame" di Dio che può dare vita a visioni e prodigi. Caterina però avrà verso il cibo un atteggiamento particolarmente ostile per tutta la vita e benché affamata, dal buio della sua cella, continua a coltivare il sogno di entrare nelle mantellate.

Anche le suore però inizialmente la rifiutano, perché Caterina è davvero troppo bella e giovane, e solitamente entrano a far parte delle terziarie solo vedove o donne in età matura che abbiano già svolto le funzioni coniugali e materne, alle quali in quel mondo rigidamente patriarcale non si scappa nemmeno in nome di Dio. Caterina non demorde e prega il cielo di porre rimedio a quelle obiezioni: che l'abbia ascoltata il cielo o meno, fatto sta che le sale una febbre altissima e pustole di natura misteriosa la sfigurano in breve tempo, tanto che al termine della malattia sarà impossibile riconoscere in quel viso deturpato la sua antica bellezza. Le terziarie che vanno a visitarla rimangono così impressionate dal suo cambiamento e dal suo fervore che promettono di accettarla nell'ordine appena raggiungerà un'età maggiore. In realtà Caterina vestirà l'abito, ma non farà mai vita di comunità, perché la sua particolare esperienza mistica non avrebbe tollerato alcuna autorità su di sé: per tutta la vita rimarrà autonoma dalle regole e dagli spazi dell'ordine, il cui abito però le garantisce distinzione spirituale dalle comuni devote del popolo. La gioia di aver finalmente coronato il suo più grande desiderio si completa nella notte di Carnevale del 1367, quando dice di essersi sposata misticamente con Gesù, perché durante una visione lui le ha dato un magnifico anello con un rubino immenso. L'anello purtroppo è visibile a lei sola, ma lo scetticismo che la circonda non ferma le sue lungimiranze mistiche. Una ragione di sospetto ulteriore, nonché di timore e scandalo, è data dal fatto che le sue visioni si manifestano al limite dell'erotismo: in uno dei momenti di estasi sostiene di aver scambiato il suo cuore con quello di Gesù stesso, il quale le ha aperto il petto e ha sostituito il suo con il proprio, di un rosso vermiglio. Il prodigio, come in seguito sarà considerato, è testimoniato da una cicatrice che rimarrà sul costato di Caterina per sempre nel punto preciso in cui afferma di aver subito la fantasmagorica operazione cardiologica. Lo scambio di cuori non ha valore sentimentale: nell'iconografia cristiana il cuore è il luogo della volontà della persona, mentre i sentimenti risiedono nelle viscere. Scambiare il proprio cuore con quello di Cristo stesso è quindi un atto di enorme valore simbolico: da quel momento la ragazza di Siena agirà e parlerà secondo la volontà di Gesù.

Per Caterina il corpo è teatro costante del dialogo con Cristo, ma a differenza di altri santi i segni di questi contatti mistici restano visibili a lei sola. Oggi sui quadri devozionali che la ritraggono è sempre segnata da ferite sulle mani, ma quando le arrivano le stimmate in una chiesetta del Lungarno i segni dei chiodi che sostiene le siano comparsi non li vede nessun altro. Il numero delle persone impressionate dall'intensità della sua esperienza di fede è comunque nettamente superiore a quello degli scettici, anche perché i segni straordinari nella vita di Caterina sono moltissimi e continui. Oltre ai colloqui che dice di avere con Cristo, pratica esorcismi in cui lotta con il demonio, levita, "vede" i peccati a distanza nel momento stesso in cui vengono compiuti, ha il dono dell'ubiquità e non percepisce il freddo grazie a una veste invisibile che dichiara esserle stata donata da Gesù stesso in un'altra visione. A parlarle è ormai solo lui. Le dice di andare nel mondo e di occuparsi degli altri e lei lo prende alla lettera: sotto il tetto dei Benincasa non si salva più niente, perché Caterina prende ogni cosa – viveri o vettovaglie – per darla ai bisognosi. Costretta dalla necessità, compie prodigi che aumentano la sua fama di santità: distribuisce il vino da una botte inesauribile, moltiplica la farina per fare il pane e dissolve i dolori e le malattie imponendo semplicemente le sue mani. Quando a Siena scoppia la peste si diffonde il panico: c'è chi dice che si trasmette addirittura con la vista, i morti non vengono seppelliti nemmeno per soldi, i genitori abbandonano i figli, e tutti quelli che possono scappano, ma non Caterina. Lei assiste i malati e per vincere la ripugnanza dei corpi devastati e delle piaghe beve l'acqua con cui lava le ferite piene di pus, dicendo di "non aver mai gustato cibo o bevanda tanto dolce e squisita".

Un simile zelo scuote anche le coscienze più ciniche. La sua fama arriva ovunque e attorno a lei nascono i Caterinati: una famiglia di chierici, laici e dotti, uomini e donne, che la accompagnano nei suoi viaggi e la assistono nelle sue lunghe estasi, in cui il corpo di

Caterina diventa del tutto insensibile e lei può anche entrare nel camino acceso e – molto prima di Khaleesi, la madre dei draghi – uscirne senza una minima scottatura. La chiamano "mamma" per riconoscerne la maternità spirituale e alcuni di loro le fanno da scribi perché, benché molto attratta dalle letture sacre, come quasi tutte le donne del suo tempo Caterina è purtroppo analfabeta. I suoi agiografi scriveranno che fu il Signore a concederle il dono di saper leggere, ma è assai più credibile che con la solita indefessa volontà abbia invece provveduto a recuperare quel sapere da sola. Negli anni imparerà anche a scrivere, ma preferirà comunque sempre il metodo della dettatura, perché è una scrivana lenta e il suo pensiero viaggia invece con la velocità del fulmine. Di lettere scritte di suo pugno ce ne sono arrivate solo due. Logorroica instancabile, scrive a chiunque abbia il benché minimo potere di influenza nella Chiesa: poco più che ventenne detta già decine di lettere, i cui testi sono vere e proprie scosse elettriche spirituali indirizzate a papi, cardinali, uomini d'arme, re e regine, diplomatici e abati. Di quelle lettere ne possiamo leggere ancora 381, ma è stimabile che siano state molte di più. Oggi la definirebbero stalker, ma allora la sua autorevolezza spirituale era già così solida che otteneva sempre risposta, spesso per iscritto, talvolta a voce e in alcuni casi anche solo nei fatti, che poi erano l'unica cosa che le interessava. Ha obiettivi chiari nella sua azione retorica. Invoca la pacificazione dell'Italia, la necessità della crociata, il ritorno della sede pontificia a Roma e la riforma della Chiesa. Nella sua vita sarà la consigliera di due papi – Gregorio XI (il pontefice avignonese che lei convince a ritornare a Roma) e Urbano VI –, ai quali non risparmia nulla della sua energia spirituale, talvolta travolgente. Li invita alla virilità d'azione con il diritto che le viene "dall'essere schiava dei servi di Gesù Cristo", quindi non per suo volere, dice, ma perché non avrebbe potuto tacere in nessun modo quello che era necessario dire per il bene e per l'unità della Chiesa. Lo scambio di lettere tra un pontefice e una donna che gli fa da consigliera spirituale oggi sarebbe semplicemente impensabile senza far scoppiare un caso Vatileaks, ma Caterina ha una tale forza mistica che saranno i pontefici stessi a cercare legittimazione nella sua guida, come gli antichi re d'Israele cercavano i profeti per essere certi di avere la benevolenza di Dio. Sono infatti anni in cui l'autorità papale traballa pericolosamente a causa della nomina dell'antipapa e ogni capo spirituale ha bisogno di avere accanto una figura mistica riconosciuta dal popolo a garantire che, sì, quello è proprio il vicario di Cristo in terra. E chi può farlo meglio di una santa che parla direttamente con Gesù? In quella turbinosa metà del XIV secolo la Chiesa romana in Caterina trovava la garanzia che nei secoli seguenti non avrà mai più bisogno di chiedere: il consenso dei cristiani.

Eppure quel che Caterina scrive nelle sue lettere non è altro che l'ovvio che si trova nel Vangelo: a ogni passo ribadisce al papa che la vera ricchezza della Chiesa sono le anime, che è per quelle che Cristo è morto e non per il controllo di fortezze e città o per i poteri temporali che ne derivano. Perdere il dominio di città storicamente sotto il controllo del papato è grave, sostiene in quegli scritti, ma più grave sarebbe fare una guerra per riprendersele e dividere ulteriormente il popolo di Dio. Non è una pacifista, però, anche se durante l'omelia per la sua intitolazione a patrona d'Europa Giovanni Paolo II cercò insistentemente di farlo credere. Per Caterina ci sono differenze radicali tra una guerra e l'altra e quando l'azione delle armi le sembra giusta non ha alcuno scrupolo a invocarla. Se la guerra tra battezzati le sembra una prospettiva orribile, non esita a incitare invece il papa alla crociata contro i musulmani per la liberazione dei luoghi santi, perché la fede vive e si mantiene solo in condizioni di libertà e verità. Se esse mancano significa che è l'umanità stessa a essere già in guerra col suo creatore e questa guerra per lei ha tanti nomi: infedeltà, eresia, apostasia. Sono anni di assolutismi, la democrazia non esiste, l'ecumenismo è pura utopia e lo scontro tra i grandi monoteismi somiglia a quello tra gli immortali Highlander: ne può restare soltanto uno. La crociata è il solo modo che Caterina conosce per spezzare il conflitto tra le diverse visioni di Dio che dividono il mondo.

Ogni tanto la sfiora il dubbio che la pace non si faccia col sangue, ma è appunto solo un dubbio: dopotutto è con una croce che Gesù – "lo svenato e consumato Agnello" – ci ha redenti, non con una stretta di mano. È per le sue piaghe, non per i suoi sorrisi, che "noi siamo stati guariti". Questa attitudine guerriera – assai distante dal pacifismo oltranzista che invece in Francesco d'Assisi era stato esplicito – farà di Caterina un facile simbolo per tutte le realtà che pretenderanno di tenere insieme i simboli religiosi e le armi. A tutt'ora l'Ordinariato militare italiano riconosce in Caterina la patrona sia del corpo delle infermiere volontarie della Croce rossa italiana, sia della ben più problematica associazione per l'assistenza spirituale alle Forze armate. Non sarà l'unica strumentalizzazione che le toccherà subire. In ogni secolo a venire tutte le volte che si vorrà contestare l'operato di un papa e addirittura la sua dottrina qualcuno si alzerà e invocherà in sé il carisma di Caterina da Siena, rivendicando (con sproporzionata autostima e nessun senso del ridicolo) il compito di far da grillo parlante al capo della Chiesa al pari della santa di Siena. Nemmeno la capacità profetica di Caterina poteva supporre che eco futura avrebbero avuto sui posteri i suoi gesti e le sue parole. L'unica cosa che le importa in quegli anni è agire sul suo tempo con forza e rapidità, perché le cose non precipitino nella direzione che le sembra catastrofica.

Impressionante nelle lettere è la gamma di strumenti retorici a cui fa ricorso, al limite della manipolazione, per ottenere lo scopo che si è prefissata. Talvolta si serve della sua autorità mistica per parlare al papa come una madre amorosa con il suo bimbo capriccioso, talvolta ribalta i piani e solletica il paternalismo del pontefice ponendosi come figlia supplice e premurosa; altre volte – e sono le più interessanti da leggere – è con la voce di Cristo stesso, proclamata con forza profetica anche minacciosa, che Caterina muta le richieste diplomatiche in veri e propri ordini, pena la maledizione divina. "Io, se fussi in voi, temerei che 'l Divino giudicio non venisse sopra di me..." scrive senza mezzi termini a Urbano VI, un uomo dal carattere irascibile e violento, "... e però vi prego *dolcissimamente* da parte di Cristo crocifisso che voi siate obbediente alla volontà di Dio; ché so che non volete né desiderate altro che di far la volontà sua, acciocché non venga sopra di voi quella dura reprensione. 'Maladetto sia tu, che 'l tempo e la forza che ti fu commessa tu non l'hai adoperata!'" *Dolcissimamente* il papa capisce l'antifona e la asseconda.

Caterina però non ha solo estimatori e devoti. I suoi nemici fuori e dentro la Chiesa sono numerosi, perché la sua influenza politica è troppo forte per non suscitare preoccupazione in chi dal potere papale in un modo o nell'altro dipende. Quello che molti non le perdonano non è infatti che lei possa parlare col pontefice, ma il fatto inaudito che il papa le dia retta. Oggi, per quanto colpisca ancora, è difficile cogliere in che misura fosse rivoluzionario il fatto che a metà del Trecento una donna potesse permettersi di ricordare a un capo di stato e di anime la sostanza del suo mandato. Saranno stati anche secoli oscuri, ma è proprio in quel buio che "l'ultima delle sue ancelle"– come Caterina si definiva – parlava o scriveva alla pari con i potenti, e il suo lavoro oggi sarebbe certo considerato quello della diplomazia più alta. Dentro la Chiesa i detrattori di Caterina tendono a minimizzare la sua personalità, considerandola un mero oggetto nelle mani del Signore, al pari di un megafono o di un ripetitore, senza una volontà specifica. Che una creatura del popolo, per giunta donna e senza istruzione, abbia infatti doti proprie tali da guidare con saggezza i governanti del mondo è per molti prelati più difficile da ammettere che non credere alla transustanziazione dell'ostia. Caterina invece ha un macroscopico carisma politico personale, sebbene non lo eserciti a titolo personale. Incontrare le persone, accordare gli intenti, mediare le posizioni, puntare ai risultati e ottenerli è esattamente fare politica, anche se lei lo chiama profezia, che non significa indovinare il futuro, ma provare ogni giorno a leggere il presente con il cuore di Dio. Fuori dalla Chiesa le accuse a suo carico sono altre: la tacciano di essere una stratega manipolatrice che si serve dei simboli sacri per ottenere risultati profani, ma lei dimostra con le sue azioni che la distinzione tra spirituale e temporale è labile e che i profeti come lei camminano a occhi chiusi sulla linea di confine, gridando quel che non possono tacere, anche se questo li renderà potenziali bersagli fuori dalla Chiesa quanto dentro.

Del resto per Caterina, come per chiunque in quei secoli, la distinzione tra sacro e profano non esiste. Il principe e il papa, il contadino e il prete, il milite e la sposa, i vecchi e i bambini, le anime e i corpi, la fame di cibo e quella di verità non si trovano su due piani diversi: tutto quel che è affare di stato è affare dell'uomo e dunque di Dio. Molti teologi, che non tollerano che il privilegio della confidenza papale venga concesso a una donna di bassa estrazione incapace persino di fare la sua firma, la definiscono "una popolana ignorante che seduce gli ingenui" e le danno della millantatrice con una tale insistenza che il Capitolo generale dei domenicani a un certo punto la convocherà a Firenze per appurarne l'ortodossia. È una richiesta rischiosa in quel periodo. L'accusa di eresia si lancia con facilità e il destino degli eretici è l'abiura o il rogo. I padri non riscontrano in Caterina alcuna colpa dottrinale, ma comunque continuano a non fidarsi di quel "soggetto spirituale non identificato", così diverso da loro, e in quella sede decidono di assegnarle un confessore personale, fra Raimondo da Capua. Formalmente deve farle da guida – a lei, che orienta le scelte dei papi! –, ma in realtà ha il compito nemmeno troppo nascosto di controllare il suo operato. Si rivelerà un errore marchiano, perché tutto quello che si avvicina a Caterina presto o tardi diventa di Caterina. Nei sei anni successivi padre Raimondo, dapprima scettico e severo, rapidamente resterà conquistato dall'autenticità del fervore spirituale di quella ragazza mistica, diventando il suo più devoto discepolo e il suo erede spirituale, poi proclamato beato a sua volta.

Tra le molte cose più uniche che rare fatte da Caterina in quegli anni ci sono sicuramente i viaggi. Difficili e pericolosi per tutti, i lunghi spostamenti alle donne sono preclusi, anche perché non ne esistono molte che abbiano bisogno di coprire tragitti più estesi di quello dalla casa al mercato. Solo le regnanti e le figlie dei signori con molti castelli sparsi vedranno qualcosa di più delle quattro mura entro le quali sono nate. Lei invece – che da ragazzina sognava una stanza isolata e nessun contatto umano – passerà gran parte della sua breve vita a viaggiare per portare a termine le sue missioni. Dopo la trattativa di Avignone andrà infatti a Roma su richiesta di Urbano VI, che la vuole accanto a sé per gestire la rivolta di una parte dei cardinali, quella che darà inizio allo scisma di Occidente con l'elezione dell'antipapa Clemente VII. Per Caterina questa divisione all'interno della cristianità sarà un colpo fatale. È a Roma che si ammala e muore, proprio mentre sta combattendo con la parola e la preghiera l'ennesima battaglia diplomatica per ristabilire l'unità della Chiesa che tanto le stava a cuore. È il 29 aprile del 1380 e Caterina da Siena ha solo trentatré anni. Ce ne vorranno altri ottanta perché sia proclamata santa.

Come spesso succede alle personalità eccezionali, con la morte di Caterina finisce la sua esistenza e comincia la sua leggenda. Il primo a farne le spese è il corpo della santa, smembrato in molti pezzi per essere usato come reliquia. I resti di Caterina sono sparpagliati un po' ovunque, perché tutti vogliono poter venerare un elemento materiale della ragazza portentosa: a Roma nella basilica di Santa Maria sopra Minerva c'è la maggior parte del corpo, ma la testa le è stata macabramente staccata per portarla a Siena nella basilica di San Domenico, dove si trova anche un suo dito. Il piede sinistro con cui ha tanto viaggiato è finito a Venezia nella chiesa dei Santi Giovanni e Paolo, una sua costola ha viaggiato fino ad Astenet in Belgio e la mano sinistra è custodita nel monastero del Santo Rosario di Monte Mario a Roma. Nemmeno l'autopsia sacra ha svelato però il segreto del carisma di questa donna straordinaria, capace di essere del tutto calata nel suo tempo e contemporaneamente fuori da ogni schema sociale in cui è vissuta. In un'epoca in cui alle donne si chiede il silenzio e l'obbedienza, Caterina ha parlato e a proprio rischio si è fatta maestra. Mentre le sue consorelle restano recluse, lei viaggia per il mondo e ne rimette insieme i pezzi. Affronta la misoginia della Chiesa e il patriarcato della famiglia con la stessa determinazione, guidata da una volontà che sarà sì sorretta dallo zelo per Dio, ma resta innegabilmente sempre la sua. Molte altre donne hanno provato a fare lo stesso nei secoli e di loro, uccise sul rogo o con altri supplizi, non sappiamo più nemmeno i nomi. La donna fuori dagli schemi Caterina è oggi santa per la Chiesa cattolica e compatrona per l'Europa che si riconosce cristiana, ma per noi Morgane è soprattutto una "strega" che ce l'ha fatta.

GRACE JONES

Le lucciole sono rare, ma forse vi sarà capitato da bambini di "catturarne" una e tenerla chiusa qualche momento tra i palmi delle mani, prima di lasciarla scappare via. Se lo avete fatto almeno una volta e avete visto quella luce pulsare tra le dita, capire Grace Jones sarà un po' meno difficile. Bev Firefly, Beverly la lucciola. È questo il modo in cui tutti la chiamano a Spanish Town, in quella Giamaica al centro del Mar dei Caraibi dove il miscuglio creolo ha colorato l'umanità di mille sfumature. La sua è la più scura di tutte e le guadagna il soprannome, perché sul suo viso che al buio scompare nella notte si vedono solo i bagliori di occhi e denti, come lampi di lucciola. Dare una definizione di Grace è difficile. Che sia modella, cantante o attrice, tutte risultano riduttive, e c'è infatti chi preferisce collocarla nell'Olimpo che comprende le leggende, le icone gay e le divinità multiformi.

La data di nascita della lucciola Grace Jones dovrebbe essere il 19 maggio 1948, ma il tempo è un concetto relativo, per lei che dice: "Io non vivo nel tempo, io vivo nello spazio". Non sa quasi mai che ore sono o che giorno della settimana sia, perché non le sembra di alcuna importanza. Colloca gli eventi suddividendoli in categorie ampie, imprecise e allegramente caotiche, racchiuse in un vago "È successo un po' di tempo fa". Proprio un po' di tempo fa prende vita il racconto che Grace fa di se stessa, partendo dalla sua terra di origine: "Sono arrivati in Giamaica prima sulle navi dei vichinghi, poi su quelle dei pirati. Con le persone venute da lontano, gli abitanti della mia isola hanno fatto l'amore. Hanno bevuto molto, poi hanno rifatto l'amore. Quindi io sono figlia di tutte le culture che si sono mescolate sull'isola. Per capirmi dovete venire in Giamaica".

Il padre di Grace, Robert, è pastore della Chiesa apostolica e la mamma Marjorie è una sarta che, anche un po' per necessità, insegna molto presto ai figli a cucirsi i vestiti da soli. In casa non entra alcun abito confezionato, ogni cosa che indossano è fatta da loro. Grace impara da subito il senso dell'armonia dei colori e soprattutto la forza di uno stile personalissimo, che l'aveva già connotata nel momento della sua venuta al mondo: "Sono uscita da mia madre dalla parte dei piedi. Sono arrivata scalciando e tutta incazzata". Di motivi per essere incazzata ne ha da subito parecchi. I genitori, infatti, affidano lei e i suoi fratelli alla nonna materna, decidendo di partire per l'America. Il compagno della nonna è un predicatore pentecostale fanatico della disciplina, violento e terribile, e Grace e i suoi fratelli crescono tra ordini e divieti, soffocati da una disciplina religiosa che sconfina nella vessazione: sono banditi la radio, la televisione e il cinema, impossibile indossare scarpe aperte nonostante il caldo, perché è vietato scoprire i piedi, e le camicie devono essere abbottonate fino al collo. Le letture forzate della Bibbia e le preghiere imposte con le cinghiate ottengono però il solo risultato di allontanarla da un Dio percepito come sessuofobo, maschilista e violento. Racconterà: "Ci picchiavano per ogni minima dimostrazione di dissenso, le percosse erano proporzionali al livello di disobbedienza. Tutto girava attorno alla Bibbia e alle percosse. Quel clima mi ha formata. Ha determinato le mie scelte e il tipo di uomini da cui sono stata attratta. Tutto può essere fatto risalire all'educazione ricevuta in quel periodo". Grace ovviamente pensa solo a una cosa: scappare da lì. È però troppo piccola e i suoi genitori ci metteranno ancora molti anni prima di decidere di ricongiungersi con i figli. La Grace che lascia Spanish Town è ormai quasi un'adolescente.

"Mi imbarcai per l'America a tredici anni senza provare alcun rammarico per il fatto di lasciarmi la Giamaica alle spalle" racconta Grace. "Non avevo molto da rimpiangere, a parte la confusione e le penitenze. Qualsiasi cosa mi accadrà d'ora in avanti, mi dissi, sarà perché l'avrò scelta." La famiglia Jones vive a Syracuse, poi a

Philadelphia e infine a New York, e l'America a Grace appare come il paese delle meraviglie, dove tutto è permesso. Il concetto di peccato viene lasciato alle spalle e il tracimare della nuova libertà rende tutto possibile. Grace inizia con sogni piccoli: prima vuole insegnare spagnolo, poi diventare attrice di teatro. Nel frattempo frequenta le comuni hippie e vive precoci iniziazioni a base di LSD che dilatano all'istante la dimensione dei suoi sogni. Nell'autobiografia parlerà moltissimo del rapporto disinvolto con la droga, scrivendo: "Sono convinta di dover sperimentare tutto, almeno una volta". Con il tempo proverà infatti gli acidi (leggendaria sarà un'esperienza a base di ecstasy con Timothy Leary, il guru delle sostanze psichedeliche), parecchia cocaina (anche se non è mai stata la sua droga preferita) e persino l'eroina, ma una sola volta, e quella volta – dirà – la droga della felicità le ha fatto per fortuna molto schifo. Per tutta la vita manterrà un rapporto sciamanico con gli stupefacenti, ma riuscirà ad attraversare incredibilmente incolume un'epoca in cui saranno più gli amici morti per AIDS ed epatite che quelli vivi.

Dagli inferni dove gli altri sono rimasti incastrati Grace è invece sempre tornata indietro e "nemmeno troppo malmessa", per sua stessa ammissione. L'ha salvata, racconta, la vanità: non voleva sciuparsi, il che significa che in fondo in fondo forse si vuole bene.

Inizia a guadagnare qualcosina facendo la modella e si rivolge all'agenzia di Wilhelmina, la numero uno nel settore delle modelle esotiche. A Wilhelmina piacciono le ragazze che bruciano, quelle che sono chiaramente delle bombe a mano, e nessuna lo è più di Grace. La presenta ad André, il parrucchiere-divinità che ha creato le onde di Farrah Fawcett, e lui prima le divide i capelli in ciocche disegnate con il rasoio, poi le colora. Le dipinge il corpo ben prima di quanto farà Keith Haring anni dopo, e di quel corpo diventerà l'amante. Wilhelmina crede molto in Grace e pensa che sia pronta per conquistare l'Europa. La fa partire per Parigi e la ragazza di Spanish Town si troverà a dividere l'appartamento con due ragazze bellissime: Jerry Hall, che diventerà la moglie di Mick Jagger, e la futura attrice Jessica Lange. Lei e Jerry diventeranno inseparabili e la loro bellezza antitetica scatenerà il delirio per le vie di Parigi, tra le quali si muovono come involontarie pifferaie di Hamelin, solo che al posto dei topi incantano nugoli di uomini che si divertono a fare impazzire. Hanno pochi soldi, così si arrangiano comprando abiti usati in un negozio che si chiama Rag Queen: sono delle rabdomanti, capaci di tirare fuori da sacchi polverosi e pieni di muffa pezzi vintage anni '40 con cui creano dei look che poi gli stilisti per cui sfilano copieranno a mani basse. "A volte indossavamo delle paillettes, qualche osso africano attorno al collo e nient'altro: né sopra, né uno straccio di gonna sotto." Sono gli anni '70 e nel clima rivoluzionario della *love revolution* sembra tutto possibile. Di *love* Grace e Jerry ne praticano moltissimo, ma hanno un problema: i gusti simili in fatto di uomini. Patteggiano la regola del "Chi prima arriva, meglio alloggia", ma la competizione resta all'ultimo sangue. Di giorno Grace invade le passerelle con la sua falcata da pantera e presto diventano sue anche le copertine: nel 1976 lo stilista Issey Miyake la sceglie come protagonista assoluta di una sfilata rivoluzionaria, in cui dominano la scena – per la prima volta – dodici modelle tutte di colore. Parigi la battezza in molti modi. È lì che durante una festa nasce il mito di Grace cantante. Narra la leggenda che sul pezzo *Dirty Old Man* messo su dal dj, Grace sia saltata su un tavolo cominciando a cantare con il suo strano vocione. Una sua amica la sente, racconta tutto al fidanzato che fa il produttore discografico, *et voilà*, Grace torna a New York alla corte del leggendario produttore Tom Moulton, re Mida del disco mix. È lui a costruire il personaggio canoro di Grace che furoreggerà nei club gay. Molto fa anche il taglio di capelli che Grace decide di adottare, rasato ai lati e con la parte più alta al centro, che la trasforma definitivamente in una Nefertiti aliena e cibernetica. Per lei quel taglio – già in sé un'armatura – è una catarsi da tutti i pianti fatti in Giamaica, quando la nonna le pettinava i capelli con durezza facendole uscire le lacrime. L'anticrespo e lo scioglinodi di cui molti anni dopo Chimamanda Ngozi Adichie scriverà in *Americanah* erano banditi dal vecchio predicatore perché – lui diceva – la religione li vietava. L'ispirazione le viene mentre sta assistendo a un incontro di boxe: a un certo punto sale sul ring questo pugile che si sfila la vestaglia e si toglie il cappuccio. Lei rimane folgorata dal suo taglio e corre dal parrucchiere per rifarlo pari pari. Racconterà poi: "Rasarmi la testa mi ha portato al mio primo orgasmo. Non avevo mai fatto sesso in quel modo prima. Era sesso di un'altra epoca, di un altro sistema solare". Il legame tra estetica e identità raramente è apparso più chiaro in un'altra donna e poche volte si verificherà dopo con la stessa nettezza: Grace vuole diventare come appare perché vuole apparire come è.

Quando nel 1977 esce il suo primo album, *Portfolio*, la Queen of gay disco passa dai club con segrete e sotterranei molto privati e molto oscuri a dominare le classifiche di tutto il mondo. La sua vocalità è strana e cavernosa e, con la cover disco-tropicale de *La vie en rose* di Edith Piaf, Grace diventa la reincarnazione di Josephine Baker. Al posto del gonnellino di banane ha tigri in gabbia, brandisce una frusta e sembra un androide arrivato da un'altra galassia. Sono anni in cui si sente il motore del mondo stesso: "Non seguo gli scandali, io li creo". La sua filosofia di sé fa impazzire Andy Warhol, che la invita continuamente nella sua Factory: è curioso della sua vita privata e vuole sapere tutto dei suoi uomini, anche i particolari scabrosi, di quanto sono dotati e quanto la soddisfano. È incuriosito soprattutto dalla sua relazione con Dolph Lundgren, passato poi alla storia come Ivan Drago, celeberrimo antagonista di un Rocky IV che minacciava di "spiezzare in due". A finire "spiezzato in due" da questa storia sarà proprio lui, che Grace parcheggerà con noncuranza da qualche parte, preferendogli le notti memorabili trascorse allo Studio 54 con Andy Warhol. Quel periodo lo riassume così: "Finivi in queste stanze piene di gente sudata, alcuni lo erano per quello che avevano appena fatto, altri per quello che stavano per fare. Oltre la *rubber room* (la sala di gomma, con le pareti rivestite con uno strato impermeabile per lavare via facilmente la polvere di cocaina che finiva ovunque) c'era una sala ancora più segreta, dedicata solo alle divinità del club. Un posto di segreti e secrezioni, di respiri e affanni". E lei, che è la divinità assoluta dello Studio 54, sgattaiola sicura e tranquilla negli inferi di queste stanze privatissime assistendo a parecchi incontri misteriosi e diventando protagonista di scandali che la diverte molto raccontare il giorno dopo a Warhol. È merito della sua svampitaggine se Nile Rodgers e gli Chic compongono il pezzo più famoso della loro carriera. È la notte di Capodanno del 1977 e Grace li invita a festeggiare allo Studio 54, solo che si scorda di mettere in lista i loro nomi e all'epoca non esistono ancora i telefonini. Nile e compagni vengono lasciati fuori dai buttafuori e liquidati con un bel "Fuck off". Tornano a casa lividi, scolano fiumi di champagne e nel giro di mezz'ora compongono una canzone con un ritmo pazzesco che ha questo ritornello: "Aaaah, fuck off". Il giorno dopo, svanito l'effetto dello champagne, si rendono conto che il pezzo funziona, ma per farlo passare in radio cambiano il *fuck off* in un più innocente "Aaaah... freak out". Lo scorno di una notte allo Studio 54 noi lo balliamo ancora adesso. È sempre Warhol a presentare a Grace un'altra persona fondamentale per la sua trasformazione da essere umano in opera d'arte: Keith Haring, che passa le sue notti al Paradise Garage, a Soho, a guardare i ragazzi che ballano per tramutarli in quelli che diventeranno gli omini danzanti più famosi del mondo, grazie ai suoi graffiti e dipinti. Keith ama dipingere il corpo di Grace e lei da sempre ama mostrarlo. Dice di aver ereditato le sue natiche dal DNA dei genitori: la mamma da giovane faceva salto in alto e il papà era un pugile dilettante.

Se una creatura simile poteva esplodere in un'epoca giusta, quell'epoca era proprio la curva miracolosa tra gli anni '70 e gli '80, dove Grace mette in scena i suoi live pazzeschi e può dare sfogo alla visionarietà belluina delle sue forme e dei suoi movimenti. A proposito delle sue performance, Grace ricorda un insegnante di recitazione che una volta le ha detto: "Sul palco diventi lui, l'uomo che ti terrorizzava da bambina". E in effetti, che sia una passerella o un palco, Grace scatena un'energia feroce e trasforma tutta la paura avuta nell'infanzia in uno show ad alta tensione che scaglia come un anatema sul pubblico. Ne è consapevole, ma è anche ironica: "So che le persone si sentono intimidite da me, ma è solo teatralità. Sono una persona divertente, giuro". Essere divertenti non vuol dire essere innocui, ma questo nel suo caso non c'è bisogno di specificarlo. Man mano che la sua carriera ecclettica procede, Grace appare sempre più trasgressiva e futurista, anche grazie al lavoro sulla sua immagine fatto con l'illustratore francese Jean-Paul Goude, che a buon diritto diventa il suo grande amore.

Jean-Paul la usa come tela spingendo il confine sempre un po' più in là: la trasforma in una versione cyborg pop del discobolo per la copertina della sua raccolta *Island Life* e le foto che le scatta sono scellerate quanto memorabili. I videoclip che gira per lei sono visionari e pirotecnici e somigliano alla loro storia d'amore, sempre più burrascosa e feroce. Insieme hanno un figlio, Paulo, ma lei si accorge che lui è innamorato di una Grace che gli piace ritrarre, ma non vivere. Ingabbiarla sulla carta fotografica è il modo per vendicarsi di non poterlo fare nella vita vera. Nell'81 Jean-Paul la racchiude in effetti nell'unico luogo in cui per lui è possibile domarla, cioè sulla copertina del suo libro *Jungle Fever*: Grace è nuda tra le sbarre come una belva, con il corpo lucidissimo, un ghigno da iena e lo sguardo famelico nell'obiettivo. Per terra, attorno a lei, pezzi di carne cruda masticata e, appeso alla gabbia, un cartello che dice: "Do not feed the animal", "Non date da mangiare all'animale". Naturalmente scoppia il finimondo: attaccano lei perché si è prestata a uno sfruttamento sessista e razzista e lui per la visione "Uomo bianco che riduce donna nera a strumento sessuale". Tutto vero nella cattiva coscienza di chi guarda, ma non nella sua. Perché Grace fa sempre e solo quello che le va, e non è certo un uomo qualsiasi a manipolarla. Racconta: "L'immagine è il mio mestiere. Uso il mio corpo per creare". Se in quel processo le va di giocare con stereotipi e cliché, è sempre per ribaltarli. Prendere a schiaffi luoghi comuni non le basta, a volte è necessario farlo anche con le persone. Ne sa qualcosa il conduttore di un seguitissimo talk show inglese, Russell Harty, che la invita nel suo famigerato programma. Grace si presenta tutta vestita di pelle e si diverte a stuzzicare e scandalizzare Russell che, in difficoltà, fa una cosa per lei inaccettabile: darle le spalle per rivolgere la parola agli altri ospiti. Lei s'infuria e, nel bel mezzo della diretta, come una gatta arruffa il pelo e lo "graffia". Quello che Grace ha deciso di fare da bambina è rimasto nel suo modo di essere da adulta: se ha bisogno di difendere la visione che ha di se stessa, non si ferma davanti a nessuno.

La sua fisicità è un proclama di aggressività e al cinema lei è la maliarda, la strega, la spia, la serial killer. Fa scelte strane, oggi incomprensibili, come rinunciare a una parte da protagonista in *Blade Runner* e accettare di fare la guerriera amazzone in body di pelle e coda di procione in *Conan il distruttore*, con al fianco un Arnold Schwarzenegger che la definirà "un tantino troppo dura".

Nell'85, in *Agente 007, bersaglio mobile* si chiama May Day (nome perfetto, chiunque la incontri ha immediato bisogno d'aiuto), e con la schiena nuda, incorniciata dal celeberrimo abito rosa firmato Azzedine Alaïa, salva la vita a Roger Moore, che non se lo merita. L'anno successivo gattona sul palco nell'horror *Vamp*: è Katrina, la vampira egiziana stripper con guanti muniti di artigli e parrucca rossa abbinata all'abito, che si sfila mostrando il body painting realizzato sul suo corpo dal dio della grafica pop, l'eterno Keith Haring. Per aggiungere scandalo a quel che davvero non ne avrebbe bisogno, Grace simula un amplesso con una sedia a forma di uomo.

Nel cinema resta un fenomeno paranormale che attraversa gli schermi con la sua eccezionalità, ma senza mai uscire dal ruolo di caratterista freak. Nella musica invece Grace non sbaglia un colpo. A *Portfolio* seguiranno nove album, alcuni brani memorabili e altre cover pazzesche, come: *I've Seen That Face Before (Libertango)* dal famosissimo pezzo di Astor Piazzolla, e *Private Life* dai Pretenders. Grace passa dalla disco al funk, per arrivare alla new wave e al reggae con produttori come Trevor Horn e Nile Rodgers. È proprio con Trevor Horn che, dopo tre anni di lavoro, farà uscire nel 1985 il suo successo più grande, *Slave to the Rhythm*. Dirà: "La canzone è una specie di autobiografia della mia voce", e infatti con la sua voce va giù giù giù, poi risale, arriva a trasformare il pezzo in un'opera e finisce recitandolo in maniera cruenta. Nel video girato da Jean-Paul ci sono anche le immagini epiche, realizzate sempre da lui, per quello che resta tutt'ora il più bello spot mai concepito per la pubblicità di un'auto: la testa di Grace – statuaria e gigantesca – spunta da una duna di sabbia nel deserto, gli occhi diventano lamiere riflettenti, la bocca si spalanca, diventa enorme e si trasforma in un garage da cui esce una macchina guidata da lei medesima, che sgomma come una pazza prima di puntare alla velocità della luce dritta alla bocca-garage che l'ha sputata fuori. Il tutto termina con il ruttino finale del faccione di Grace, soddisfatta del "pasto".

Non si preoccupa di essere bella o elegante. Sono anni in cui i limiti del rappresentabile non sono ancora stati ricondotti alle miti regole dell'accettabile e gli eccessi sono la normalità. Grace, che è eccessiva in tutto, si comporta con i creativi come farebbe un materiale plastico e di quell'epoca vuole assumere tutte le forme possibili, convinta forse che sia il modo per darle la propria.

I cultori di Grace ricorderanno anche la sua partecipazione del 1991 al Festival di Sanremo, abbinata alla canzone *Still Life*, versione inglese di *Spalle al muro* cantata da Renato Zero. Entra in scena annunciata proprio da Renato, ha un abito di seta grigio, castigatissimo, e una parrucca di capelli stranamente lunghi, sotto le spalle. Le ultime frasi le canta in italiano prima di abbandonarsi tra le braccia di un mimo comparso sul palco che la trascina via, come priva di sensi, dopo averle levato la parrucca e scoperto il cranio rasato. Quello che Grace fa, ogni volta, è spiazzare e andare oltre, invertire i ruoli anche di genere. Non si parla ancora in quegli anni di gender fluid o di metro-sexuality, ma lei quelle categorie le preconizza. "Dentro di me ci sono sicuramente più persone e non tutte sono femmine." Se Amanda Lear, nello stesso periodo, gioca sull'ambiguità, Grace fa molto di più: diventa uomo e donna insieme, superando – in tempi in cui di certo nessuno parla di genere non binario – il concetto di identità sessuale.

Se le chiedi qual è stato uno dei momenti più emozionanti della sua carriera, curiosamente lei sceglie l'esibizione del 2002 con Pavarotti, durante la serata "Pavarotti and Friends", in cui hanno cantato insieme *Pourquoi me réveiller* dal *Werther* di Massenet. Racconta che quel duetto si è trasformato quasi in una seduta spiritica per lei, perché è convinta di essere riuscita a evocare la presenza del padre di Luciano mentre cantavano. Fra l'altro in quest'occasione sfodera un timbro tenorile che spiazza lo stesso Pavarotti, mostrando ancora una volta quanto le piaccia cambiare. Lo fa anche in amore, perché "la stabilità è noiosa! Ho sempre preferito essere la padrona e non la donna. Comunque non la moglie". E come moglie, in effetti, l'esperienza non è favolosa. L'unica volta che decide di sposarsi lo fa nel '96 con Atila Altaunbay, un ragazzone turco sua ex guardia del corpo, più giovane di lei di ventotto anni. Il matrimonio finisce quando una notte le punta un coltello alla gola per un attacco di gelosia. Racconta di lui anche nella sua autobiografia ufficiale: *I'll Never Write My Memoirs*, da un verso che diceva proprio così, "Non scriverò mai le mie memorie", nel suo pezzo *Art Groupie*. Nell'introduzione del libro Grace scrive: "Certe volte non c'è niente di male a rompere le promesse. Non puoi passare tutta la vita senza farlo. E ogni tanto devi anche rompere qualche regola... di regole devi romperne molte". L'incipit è scolpito nel marmo, come lei. Niente "c'era una volta", e nessun "regno lontano lontano", ma un lapidario e cristallino "I was born". Sono nata. Stop. Fedele al suo rifiuto di farsi dominare dal tempo, non si perde in luoghi, date, commemorazioni. Il prima non la riguarda più, il dopo non la riguarda ancora, l'unico tempo che conta per lei è il presente.

Nel libro sono imperdibili i consigli di vita, ma alcuni sono da mettere in pratica solo se si è molto sprezzanti del pericolo, vista la premessa: "Prova ogni cosa. E se ti piace, continua". Tra i più divertenti c'è quello di prediligere i prodotti locali, spiegato da lei così: "I giamaicani non dovrebbero farsi di cocaina, ma restare fedeli alla marijuana. Se certe cose crescono in certi posti una ragione c'è. Dio lascia che qui la marijuana cresca liberamente e ha sparso i semi della coca altrove". Se vi aspettavate i consigli di Donna Letizia non è questo il libro giusto. Per entrare nel mondo di Grace c'è anche un documentario, bellissimo, uscito nel 2018 e intitolato *Grace Jones: Bloodlight and Bami*. Viene chiamata *bloodlight*, in slang giamaicano, la luce rossa che si accende nello studio di registrazione quando incidi un brano, mentre il *bami* è una focaccia giamaicana a base di farina e tapioca. Didascalicamente si fondono i due aspetti più marcati della vita di Grace: la musica e il lavoro da una parte, le sue radici dall'altra. La regista del documentario è Sophie Fiennes, che annovera fra i tanti fratelli anche gli attori Ralph e Joseph. È però Jacob, il Fiennes più piccolo, a essere responsabile dell'iniziazione di Sophie a Grace. È lui, infatti, che le passa un giorno *Island life*, dicendole di ascoltarlo perché le piacerà. Sophie si ricorda ancora che strana impressione le fece, prima di mettere il disco sul piatto, vedere quella creatura futurista e aliena in copertina. Parecchi anni dopo, Sophie si ritrova a girare il suo primo documentario, *Hoover Street Revival*, sul predicatore Noel Jones, fratello di Grace, e la sua Chiesa a Los Angeles. Così la incontra, si piacciono e decidono di lavorare insieme a un documentario sulla vita di Grace per un tempo che si rivelerà lunghissimo: dodici anni. Non è facile acchiappare una lucciola. Sophie lavorerà con i tempi di Grace, che si accende solo di notte. "Quando sei con lei, passi gran parte della giornata aspettando che si svegli. Nella maggior parte dei casi, non la si vede in giro prima delle quattro del pomeriggio. A volte si alza alle sei del mattino, fotografa il sole che sorge, beve champagne a colazione e poi ricomincia a dormire." Grace nel documentario grida, salta, strepita, fa tutto "fortissimo" e rivendica questa forza. "Se sei un uomo forte, sei un professionista. Se sei una donna forte, sei una stronza." E lei, fiera di essere stronza, chiede alle donne di fare altrettanto, di prendersi tutta la libertà del mondo per essere ciò che voglio- no: "Ora è il momento delle donne. Penso che gli uo- mini, anziché penetrare, una volta nella loro vita do- vrebbero essere penetrati. Perché così capirebbero cosa vuol dire ricevere, anziché dare". Sulla categoria del maschile dominante Grace non ha mai parole tenere e le più aspre le riserva all'uomo di potere che meglio le incarna: Donald Trump. "Ha portato una nuvola nera sul mondo. Credo che ogni candidato presiden- ziale dovrebbe essere visto da uno psichiatra prima che gli sia concesso di candidarsi." Nel documentario Sophie ha deciso di prendere sul serio Grace quando dice che senza la Giamaica non è possibile compren- derla, e per questo è partita tante volte con lei duran- te i dodici anni delle riprese, filmandola con i paren- ti, tra villaggi, galline, baracche e lamiere.

A comprova che il concetto di tempo non la limita, Grace nel frattempo ha superato i settant'anni e ai con- certi fa ancora l'hula hoop per venti minuti consecu- tivi mentre canta sui tacchi a spillo. Sulla sua età glis- sa con disinvoltura: "Potrebbe essere qualsiasi cifra, non vivo nel passato. La nostalgia non mi interessa. Preferisco guardare verso il futuro. La vecchiaia non esiste, per me si chiama saggezza". Un indizio che nel documentario rivela insospettabilmente l'età di Grace però c'è e fa tenerezza. A un certo punto pren- de il cellulare e quello che vediamo non è uno smart- phone, ma un modello vecchissimo, un po' rotto, di quelli con i numeri grandi che telefonano e basta e i numeri li segna su un'agendina come le nostre mamme. È forse l'unico momento in cui finalmente la cyberdonna che ha segnato quarant'anni d'arte ci appare umana, ma la sensazione dura un attimo. L'istante dopo Grace è già tornata a essere la divinità di sempre che – mentre le coetanee curano la lombosciatalgia stando attente a non rompersi il femore – nel 2019 sfila alla Paris Fashion Week con indosso solamente una giacca argento arcobaleno, un body giallo e stivali altissimi per Tommy Hilfiger, rubando letteralmente la scena a Gigi Hadid, uscita dopo di lei nell'indifferenza generale. Grace non ha parole gentili nemmeno su come è cambiato il mondo della moda e su quello che si pretende dalle modelle oggi. Dice: "Sono molto grata di avere iniziato il mestiere di modella in un momento tanto diverso. Probabilmente oggi sarei morta. Sono tutte così magre: una taglia zero è come un morto che cammina. Non è per nulla sexy". Lei è monumentalmente sexy anche da nonna. Sua nipote Athena, di otto anni, suona il pianoforte, balla, dipinge, e soprattutto entra nel suo armadio per provarsi tutti i vestiti. Grace, guardandola, può finalmente dire: "Non ho avuto un'infanzia, la sto avendo adesso".

Alla fine della sua autobiografia Grace si pone una sola strana domanda: "Cos'è l'integrità?". L'etimologia, scienza non esatta, richiama il concetto di intero e il rifiuto virtuoso di vedere se stessi fatti a pezzi, ma Grace in sette decenni ha mostrato al mondo così tante sfaccettature di se stessa che la sua integrità appare più gommosa che monolitica, pronta a prendere la forma della donna che vuole essere in ogni preciso momento. Nessuno stupore dunque che si risponda da sola dicendo: "Per me l'integrità è una guerra che non è mai finita". Ci si mette tutta la vita a diventare se stesse e il mutamento è l'unica identità a cui vale la pena restare fedeli. Negli anni superficiali dei capelli cotonati e dei tailleur di Armani, in cui il destino delle modelle era essere al servizio dei desideri altrui, Grace ha mostrato alle donne una cosa elementare e difficilissima allo stesso tempo: si poteva andare molto più avanti se si restava padrone dei propri.

SORELLE BRONTË

Inghilterra, 20 gennaio 1978: sulla scena musicale debutta come un uragano il primo singolo di una diciannovenne inglese che fa all'istante il botto, Kate Bush. La canzone si intitola *Wuthering Heights* e Kate nel video si muove come un fantasma vittoriano o un aggraziato zombie appena tornato in vita: ha capelli fluenti, arruffati, e allunga le mani come se grattasse via la terra per entrare in un luogo a lei precluso da troppo tempo. Le parole che accompagnano il suo vagare ectoplasmatico sono indimenticabili e quasi minacciose: *"Heathcliff, it's me, I'm Cathy, I've come home, I'm so cold. Let me in through your window"*. È in quella strofa famosissima che molte sedicenni udranno per la prima volta i nomi dei personaggi del romanzo *Cime tempestose* di Emily Brontë. Tante di loro per questo se lo andranno a comprare, riportandolo nella classifica dei libri più venduti proprio mentre l'o-

monimo debutto della cantante inglese spadroneg-
giava in quella dei dischi. È difficile immaginare se
Emily, che in comune con Kate Bush aveva la data di
nascita del 30 luglio, ne sarebbe stata compiaciuta,
ma quando si tratta delle tre sorelle Brontë tutto diventa piuttosto imprevedibile.

Malvestite e goffe, con corpi piegati dalla tisi e labbra che non sanno niente di baci, sono estranee a ogni
corrente letteraria, ma in piena epoca vittoriana questo non impedisce loro di far deflagrare ogni conven-
zione. Pioniere inconsapevoli, dalla provincia contadina più estrema saranno capaci di scardinare tutti
i confini in cui la donna è stata relegata fino a quel
momento, influenzando generazioni e generazioni di
scrittori e scrittrici, da Anne Rice a Stephenie Meyer,
autrice della vendutissima saga vampiresca di *Twi-
light*. Sarà una battuta della protagonista Bella a qua-
druplicare di nuovo le vendite di un libro di centoses-
sant'anni prima, proprio come era accaduto con quel
Wuthering Heights cantato da Kate Bush. Nella disperazione amorosa di un Edward sparito in *New Moon*,
Bella si troverà infatti a sospirare su Heathcliff, perché gli amori infelici sono lutti e – a differenza delle famiglie infelici di Tolstoj – i lutti sono tutti fatalmente simili.

Ma come hanno fatto queste tre ragazze della periferia contadina a mandare a ramengo l'impalcatura
delle regole vittoriane, a cominciare dal rispetto per le
convenzioni e dalla sudditanza all'uomo? La risposta

va cercata in un vezzo che sta all'inizio di tutto, nella volontà del loro padre di compiere l'unico gesto romantico e inconsapevolmente letterario della sua esistenza: rendere onore al suo idolo, l'ammiraglio Horatio Nelson. Per tutta la vita l'uomo, che di mestiere faceva il curato, si era chiamato Patrick Prunty, o Brunty o forse O'Prantee per ascendenza irlandese, un cognome che aveva il suono stesso della povertà e della bassa estrazione, niente che volesse trasmettere in eredità. Quando infatti nacque la prima figlia, il reverendo lo cambiò in Brontë, in memoria del titolo di duca di Bronte (la patria siciliana del famoso pistacchio) di cui il suo ammiraglio preferito venne insignito dal re Ferdinando IV delle Due Sicilie. Per essere sicuro che nessuno sbagliasse la pronuncia, vanificando il suo omaggio, Patrick metterà una dieresi sopra la "e" finale, imponendo la pronuncia vocalica al cognome di tutta la sua prole. Cosa ne pensasse la madre non è dato saperlo, perché non erano tempi in cui le donne avessero molta voce in capitolo in questioni di questo tipo. Di lei sappiamo che si chiamava Maria Branwell, che arrivava dalla Cornovaglia e che era autrice di alcuni poemetti e testi religiosi. Una donna dolce, con una spiccata vocazione allo struggimento sentimentale che trasmetterà ai figli, cullandoli con il racconto di mondi popolati da eroine che attraversano i confini e gli spazi per amore. L'amore a lei darà sei figli – Maria, Elizabeth, Charlotte, Patrick (detto Branwell dal cognome materno), Emily e Anne – e un trasferimento a Haworth, nel West Riding dello Yorkshire nel 1820. Il reverendo Patrick otterrà infatti la curazia perpetua di quel territorio, trascinando la famiglia in una casa inquietante ed esposta alle intemperie, con le finestre che affacciano da un lato sul cimitero e dall'altro sull'asprissima brughiera perennemente battuta dal vento. Tutto d'intorno è estremo e violento: il freddo d'inverno è inconcepibile, il caldo d'estate insopportabile. A questo shock geografico si aggiunge la morte della signora Branwell, che fa scendere sulla famiglia una cappa di lutto che segnerà per sempre i bambini e il loro padre. Le quattro femmine più grandi (Elizabeth, Maria, Charlotte ed Emily) verranno mandate nel pensionato religioso di Cowan Bridge, ma non è una soluzione migliorativa: torneranno indietro vive solo in due. Il clima troppo rigido, il cibo scarsissimo e l'austerità sconfinante nella vessazione fa sì che, nel 1825, Maria ed Elizabeth muoiano di tubercolosi. Emily e Charlotte se la caveranno con una salute minata per sempre e parecchi fantasmi nello spirito. Quel pensionato da incubo anni dopo diventerà infatti la Lowood School nel romanzo di Charlotte, *Jane Eyre*.

Non sono anni di paternità partecipative e il reverendo Brontë non sa bene come interagire con questi bambini perduti. I piccoli si cresceranno praticamente da soli, sorretti giusto un poco dalle leggende che la governante Tabby racconta loro mentre la aiutano in cucina. Questo approccio sventurato alla vita potrebbe già di suo essere sufficiente a far sorgere talenti letterari in famiglia, ma il destino per le ragazze Brontë ha in serbo qualcosa di peggio. Arriva infatti nella canonica la sorella della madre, Miss Elizabeth Branwell, con lo scopo di dare una mano. Se fino a quel momento la governante Tabby ha accarezzato la loro fantasia, Miss Branwell, che è metodista wesleyana, la terrorizza. Il pensiero educativo a cui Miss Branwell si ispira è nelle parole stesse del fondatore, che in merito ai bambini suggeriva: "Spezza in tempo la loro volontà e comincia questo lavoro prima che possano esprimersi chiaramente, forse prima che possano parlare affatto. Che ogni bimbo da un anno in su impari a temere la verga e a piangere; da quell'età in poi fa' ch'egli obbedisca, dovessi tu anche frustarlo dieci volte di seguito per renderlo docile". Miss Branwell dispone però di qualcosa di meglio della verga: la paura, perché se controlli il mondo immaginario delle persone non hai bisogno di costringere i loro corpi. Così a casa Brontë si pranza e si cena con poco – pane, patate e rape – ma con il ricco contorno dei racconti di morti edificanti e la prospettiva della dannazione eterna evocata di continuo dietro l'angolo. Emily rielaborerà tutto questo in modo ribelle e dialettico, mentre Anne lo trasfonderà nei concetti di perdono e di fede cieca di cui grondano i suoi versi. Come i lettori e le lettrici sanno bene, le storie a volte possono salvarti la vita e così – per non essere psicologicamente schiacciati dai lutti familiari – i sopravvissuti Charlotte, Emily, Anne e il fratello Branwell si inventano un mondo tutto loro popolato da principesse, cavalieri, spiriti e giganti mitologici. I pomeriggi di gioco che i ragazzi trascorrono in compagnia dei soldatini che il padre ha regalato loro saranno il primo innesco per la costruzione degli eroi dei cicli narrativi di *Angria*, la saga di Charlotte e Branwell, e di *Gondal*, la saga di Emily e Anne. Sono precocissimi nella scrittura e non conoscono i vincoli dei generi. Scrivono per se stessi anche un giornalino, il "Branwell's Blackwood's Magazine", sulla falsariga del "Blackwood's Magazine" di Edimburgo, pieno zeppo di poesie, recensioni dei libri che leggono, indovinelli e dei disegni che fanno tutti e quattro, anche se quelli che se la cavano meglio con la pittura sono Charlotte e Branwell. La carta costa cara e questo li costringerà a ingegnarsi sfruttando tutti i ritagli che trovano, anche piccolissimi, rubacchiati e poi cuciti insieme in un'inconsapevole metafora della loro storia a brandelli.

L'altro spazio narrativo di cui i Brontë dispongono è il loro stesso corpo. Charlotte è piccola di statura e minuta, nei suoi diari si descrive come "sottosviluppata" e ha sempre freddo. Però ha occhi grandissimi e scuri, che ogni tanto guizzano facendo intravedere cose di lei che turbano le persone. Emily è molto alta, magrissima, nervosa e schiva, ha braccia lunghe e capelli ancor più lunghi, ma sempre raccolti, per non consentire un millimetro di troppo a una morbidezza che non vuole concedersi. Nei movimenti ha qualcosa di regale, ma appena esce nella brughiera diventa furiosa: dimentica ogni controllo, il suo corpo scatta, diventa elastico, si tende come un arco. Anche lei ha occhi strani, da rapace, e la gente ha paura a fissarla troppo; ma poco male per lei, che non ha nessuna intenzione di fissare nulla di umano per troppo tempo. Preferisce gli animali, e più selvaggi sono e meglio è. Li porta a casa dai suoi giri: cani, uccelli, un fagiano, persino un falco che chiamerà Hero, qualche anatra, e soprattutto Keeper, il suo preferito, un mastino enorme, nero come la pece, dal pelo così folto che sembra un leone. Tra le sorelle, Anne è quella con l'aspetto più dolce: non si ha paura a fissarla negli occhi e sembra sempre concentrata nell'occupare il minor spazio possibile, muovendosi docile e silenziosa per la casa. Più diverse non potrebbero essere, ma nemmeno più unite. Insieme al fratello si immaginano a trascorrere la vita sempre insieme, come se il mondo esterno non li riguardasse. Nel 1834, in una nota, Emily scriverà: "Chissà come saremo e cosa faremo, se tutto va bene, nel 1874, quando io avrò 56 anni, Anne 54, Branwell quasi 57 e Charlotte 58". È una stima molto ottimistica: nessuno di loro arriverà nemmeno lontanamente vicino a quell'età, ma questo non impedirà alle tre sorelle di fare in tempo a cambiare il mondo prima di andarsene.

Charlotte legge moltissimo, ama Walter Scott e disprezza Jane Austen, che nei suoi diari recensisce senza pietà: "Non mi piacerebbe davvero vivere con le sue signore e i suoi gentiluomini, nelle loro eleganti e appartate dimore. Miss Austen è solamente accorta e osservatrice. In lei non c'è poesia. Aderisce al reale, ma non può essere grande". A Jane, insomma, manca il furore, e Charlotte sa esattamente di cosa parla, perché sua sorella Emily ne è piena. Lei però non è da meno. Nel '39 rifiuta una proposta di matrimonio fattale da Henry Nussey, curato del Sussex, che ben conosce perché è molto amica di sua sorella Ellen. La risposta che dà allo spasimante è già una rivoluzione: come farà la protagonista del romanzo che scriverà dopo qualche anno (Jane Eyre), in questa lettera a essere rifiutato è molto più di un matrimonio, è il modello di donna remissiva e mite che l'epoca vittoriana le richiede di essere.

Charlotte rivendica la sua libertà e la sua indipendenza con ironia e chiarezza, senza timore del giudizio che susciterà: "Mio caro Signore, è sempre stata mia abitudine studiare il carattere di quelli tra cui ho l'opportunità di trovarmi. Penso di conoscere il suo e posso immaginare quale donna sarebbe una buona moglie per Lei. Il suo carattere non dovrebbe essere troppo deciso, ardente e originale, dovrebbe avere l'indole mite e lo spirito gaio, e le sue 'attrattive personali' dovrebbero appagare i suoi occhi e gratificare il suo orgoglio. Per quanto riguarda me, Lei proprio non mi conosce, non sono il tipo serio e razionale che Lei immagina, mi troverebbe sognatrice ed eccentrica, ironica e severa. Io disprezzo l'inganno e non sposerei mai un uomo degno come Lei, sapendo di non poterlo rendere felice solo per raggiungere la distinzione del matrimonio e per sfuggire al mio destino di vecchia zitella". Il tipo di rispetto sociale a cui potrebbe accedere diventando la moglie di qualcuno è per Charlotte assai meno importante del rispetto che nutre per la sua libertà e per il legame che ha con le sorelle e il fratello, che avverte indissolubile.

C'è un dipinto famoso che li ritrae tutti insieme. È un'opera di Branwell, in cui lui si ritaglia il ruolo che suo malgrado gli è toccato interpretare tra le sue più talentuose sorelle: quello del fantasma. Tra i volti dipinti di Emily e Charlotte c'è infatti una grossa macchia giallastra. Era la sua figura, prima che lui stesso si autoeliminasse dal quadro in un impeto di rabbia. A noi restano solo i contorni di una sagoma fallita e la sensazione che in quel cancellarsi compulsivo agisse già il desiderio di rimuovere la permanenza dei suoi molti fallimenti. Benché bello in modo inquietante, segnato dal rosso dei capelli come sua sorella Anne, Branwell è scrittore, pittore e poeta mediocre, dotato più che altro di vizi, ma anche quelli piuttosto scontati. Nel cliché byroniano che gli piace interpretare dominano infatti alcol e oppio. Nonostante questo (o forse di questo la causa), il padre punta tutto su di lui: sono per Branwell i pochi soldi messi da parte per studiare e viaggiare, come sono per lui le speranze di tenere alto quel cognome così ben costruito. Sono speranze vane: Branwell manda all'aria ogni opportunità, sempre convinto di venire un giorno illuminato da un successo che in fondo crede gli spetterà comunque. Nell'attesa dell'epifania di sé che non arriverà mai, racconta le sue storie al pub in mezzo a molto, moltissimo alcol, e quando non è ubriaco vaga per ore nella brughiera con Emily, nei soli momenti in cui il tormentato erede Brontë starà bene.

Branwell è l'unico che si può permettere di sprecarsi. Le risorse in casa non bastano al sostentamento ed Emily decide di seguire a malincuore Charlotte per un periodo di studi a Bruxelles. Le due sorelle pensano all'insegnamento come professione decorosa per guadagnarsi da vivere, ma per farlo devono prima migliorare le lingue, così nel 1842 partono per frequentare la scuola di Monsieur Héger. Siedono nell'ultima fila della classe, bastandosi come sempre l'una all'altra e senza quasi permettere alle altre allieve di entrare nel loro cerchio magico. Emily vive malissimo la lontananza da casa, tanto che la morte della zia sarà un'ottima scusa per spezzare l'esilio e ritornare. Alla scuola ha capito che là c'è il suo mondo e non ne vuole altri. Vorrebbe insegnare, ma non a prezzo dell'esilio dalla casa paterna e piuttosto aprirà una scuola lì. Parlando di lei, Charlotte ne è consapevole: "Nella squallida solitudine trovava le più rare delizie e certamente non ultima, anzi la più amata, la libertà. La libertà era l'aria che Emily respirava".

Lungi dall'essere asociali, i Brontë sono una società a sé, con regole proprie mai negoziate.

Pur senza i vizi del fratello, Emily ha le stesse inclinazioni decadenti e forse per questo è con lui la più indulgente. Ama Byron e Shelley non solo da un punto di vista letterario, ma carnalmente: dice di riuscire a "vedere" i loro fantasmi. Come Shelley è naturalista, meglio ancora panteista: nella brughiera si muove anche bendata e afferma di sentire quando cambia il tempo. Per lei quegli elementi naturali sono la terra di mezzo tra il mondo dei morti e quello dei vivi, con confini sottilissimi ai quali basta un niente per infrangersi e mischiare lo scenario reale a quello onirico. Qualunque ragazza del suo tempo sarebbe spaventata dalla prospettiva, ma non lei. Se in quegli anni le donne fossero state ancora a rischio di finire al rogo per stregoneria, Emily avrebbe avuto qualcosa da temere. Per non essere da meno, Branwell si ingegna di aderire ancora di più alla figura byroniana che lo ossessiona. Dopo essere stato assunto come precettore in una casa dove Anne già lavora come governante, commette la leggerezza di innamorarsi della padrona di casa. Siamo nel 1843, la signora in questione – che si chiama fatalmente Mrs Robinson come la mamma seducente del *Laureato* – è di vent'anni più grande di lui, e questa passione fa scoppiare il finimondo. Branwell viene cacciato in malo modo, perde ogni residua reputazione, ritorna al vicariato e porta a termine il suo percorso di autodistruzione scegliendo il modo lento che meglio gli consente di straziare Anne e soprattutto Emily, che in questa discesa agli inferi lo accudisce giorno e notte.

Charlotte, assai meno comprensiva, ha chiuso i rapporti con lui, delusa e indignata dalla sua condotta. In un primo momento torna a Bruxelles da sola e insegna nella scuola di Monsieur Héger, che diventa il suo primo lettore e le offre il nutrimento di un'amicizia intellettuale mai sperimentata fuori dai legami familiari. Non è felice, però. Spesso malata e nervosa, non dorme ed è facile intuire che sia innamorata di quell'uomo sposato, in una nemesi del destino che la mette nella stessa situazione in cui così duramente ha giudicato il fratello. Quando fa ritorno a Haworth è il clima claustrofobico della canonica a farle comprendere che l'epistolario con Monsieur Héger è l'unica sua fonte di gioia. Lui non solo non la ricambia, ma quando capisce la natura dell'affetto della ragazza mette in pratica quello che ai nostri giorni si chiamerebbe *ghosting*: smette di scriverle e sparisce. La storia delle sorelle Brontë è una storia di fantasmi fino alla fine. Spettri d'amore, spettri delle assenze familiari, spettri anche tra i banchi vuoti della scuola che Charlotte deciderà, affranta, di aprire con Emily, ma alla quale nessuno si iscriverà. Spettro soprattutto è infine Branwell, sempre più malato e crudele.

In quella stasi le giornate passano lentamente e si somigliano, finché accade un evento che cambierà la loro vita e la storia della letteratura: nell'autunno del 1845, Charlotte apre di nascosto un quaderno di Emily e vi trova dentro un mondo di versi potentissimi. Quando scopre che anche Anne scrive di nascosto confessa la stessa inclinazione e dà i suoi taccuini alle sorelle, sottoponendosi al loro giudizio e proponendo la cosa più ovvia: provare a pubblicare i loro versi. A Charlotte, da sempre la più battagliera delle tre Brontë, l'oscura condizione della loro segregazione non piace. Lei vuole essere vista e per farlo trova l'unico modo possibile: rendere pubblica la loro scrittura. Impensabile pubblicare con i loro nomi. Nessun editore sarebbe così pazzo da investire nelle poesie di tre sorelle nella bigottissima società vittoriana. Costrette a darsi nomi da uomo, le sorelle Brontë si trasformano nei fratelli Bell. Charlotte assumerà il nome di Currer Bell, Emily di Ellis Bell e Anne di Acton Bell. Di se stesse terranno solo le iniziali, per lenire almeno in parte la negazione imposta dagli pseudonimi.

I *Poems* dei misteriosi fratelli Bell escono nell'aprile del 1846, e anche se vendono due sole copie scoraggiarsi è fuori discussione: le Brontë hanno superato ben altri ostacoli. Ciascuna rilancia scrivendo addirittura un romanzo. Lo fanno la sera, l'una di fianco all'altra in cucina, dopo aver gestito tutte le incombenze e aver accudito il padre e il fratello. In quel contesto a tratti assurdo di negazione, marginalità e misantropia nascono *Cime tempestose* di Emily, *Agnes Grey* di Anne e *Jane Eyre* di Charlotte, che però non escono contemporaneamente. Sarà infatti il successo folgorante di quest'ultimo a convincere l'editore Smith, Elder & Co a pubblicare anche gli altri due romanzi dei fantomatici fratelli Bell.

Charlotte è prolifica e ha in canna più di una cartuccia. Il romanzo che propone inizialmente è infatti *The Professor*, che gli editori rifiuteranno e che uscirà postumo nel 1857, a due anni dalla sua morte. Racconta l'innamoramento tra un professore inglese trapiantato in Belgio e la sua allieva, dal carattere forte e indipendente. Sono pagine tra le quali non è difficile riconoscere Monsieur Héger e l'autrice medesima, che – proprio come tutti e quattro i Brontë facevano da bambini – usa gli strumenti della fantasia per aggiustare una realtà che non le è stata favorevole. Gli scrittori e le scrittrici in fondo davanti alla vita si dividono in due grandi categorie: quelli che la vivono per raccontarla e quelli che devono raccontarla per poterla vivere. Emily e Anne, come Charlotte, non hanno avuto altra scelta che la seconda, ma la usano al meglio che possono.

In un primo momento quel successo editoriale illumina soprattutto i lavori di Charlotte e Anne. Quest'ultima sei mesi dopo l'uscita del suo primo romanzo pubblicherà il secondo, *La signora di Wildfell Hall*, e lo stile è talmente simile a quello di Charlotte che per dissipare il gossip che siano la stessa persona (messo in circolazione dall'editore stesso) le due sorelle si recheranno per la prima volta a Londra, presentandosi in casa editrice per svelare la loro identità. La fi-

glia di Thackeray (l'autore de *La fiera delle vanità*) racconta così quel giorno del 1848 in cui tutti scoprirono
che Currer Bell era una donna: "L'autrice si sedette in
un angolo, non si spostò mai e non parlò con nessuno se non per rispondere a una diretta domanda che
le venne rivolta: 'Le piace Londra, Miss Brontë?'. 'Sì
e no' fu la sua semplice risposta". Sembra impossibile che quella mite e scontrosa signorina possa aver
dato vita al personaggio scandaloso di cui tutti discu-
tono, Jane Eyre, "con l'abito nero e l'anima di fuoco",
che urla fortissimo il suo amore per un uomo sposato,
che rifiuta degli ottimi partiti e lavora per vivere, che
desidera quello che non può avere e se lo va a prendere. Nessuna apparenza rivela parentele tra quella
donnina di provincia dal corpo provato da una vita
modesta e l'eroina controcorrente che dice: "Le donne sentono come gli uomini e come loro hanno bisogno di esercitare le loro facoltà. Soffrono esattamente
come gli uomini d'essere costrette entro limiti angu-
sti, di condurre un'esistenza troppo monotona". La
rivoluzione Brontë è appena cominciata.

Jane Eyre di Charlotte è osannato dalla critica tanto quanto il capolavoro di Emily viene definito "per-
verso, brutale, cupo". Le due Brontë hanno indoli
così diverse che, a differenza di Anne, non è proprio
possibile confonderle come autrici, tanto che persino
Charlotte è inquietata dal romanzo della sorella. "La
forza di *Cime tempestose*" scrive "mi colma di rinno-
vata ammirazione, tuttavia sono oppressa: al letto-

re non viene quasi mai concesso di gustare un piacere puro; ogni raggio di sole si fa largo tra nere sbarre di nubi massicce; ogni pagina è sovraccarica di una specie di elettricità morale." Ragazza elettrica, Emily è irriducibile persino per chi ha vissuto la sua stessa vita. Resta un mistero il fatto che una ragazza di ventisette anni, autoreclusasi nella canonica di un misconosciuto villaggio e che non ha mai dato un bacio in vita sua abbia generato un capolavoro così brutale e allucinato da infrangere all'istante qualsiasi perimetro della narrativa domestica vittoriana.

Tutti i panorami che Emily non ha visto con gli occhi li ha ricostruiti nell'animo dei suoi personaggi, mescolando i sentimenti più estremi fino a confondere amore e odio, vendetta e nostalgia, sogno e disperazione, ciascuno trattato in purezza come una sostanza assoluta. Isolati dal mondo come lei, Catherine e Heathcliff non si curano di quel che accade fuori, perché già troppo accade dentro, in un tumulto furioso a cui i lettori dell'epoca non erano minimamente preparati. La trama di *Cime tempestose* è rivoluzionaria, la narrazione non segue un ordine cronologico, la storia è raccontata da diverse voci e il protagonista maschile rovescia ogni schema: Heathcliff non ha nulla dell'eroe ottocentesco, non è il buono dalla sorte avversa che alla fine si riscatta. È nero, feroce, vendicativo. Lui e Catherine sono legati da forze sotterranee della natura e il loro essere l'uno nell'altra è un dato di destino, al punto da non potersi nemmeno più considerare due individui, ma lo specchio interiore uno dell'altra. "I am Heathcliff" dice Catherine. "Lui è sempre, sempre nella mia mente; non come un piacere, come neppur io son sempre un piacere per me stessa, ma come il mio proprio essere." Lui risponderà, davanti al corpo senza vita di lei, con la maledizione d'amore più potente mai scritta prima: "Catherine Earnshaw, possa tu non riposare mai finché vivo io! Hai detto che ti ho uccisa io... perseguitami, dunque! Credo che gli uccisi perseguitino i loro uccisori. So di spiriti che hanno vagato sulla terra. Rimani con me sempre, prendi qualsiasi forma, fammi diventar pazzo! Soltanto non lasciarmi in questo abisso dove non posso trovarti!".

Se Charlotte è talento puro, Emily ha però l'irriducibilità del genio. Virginia Woolf scriverà su di loro: "*Cime tempestose* è un libro più difficile da capire di *Jane Eyre*, perché Emily era più poeta di Charlotte. Scrivendo, Charlotte diceva con eloquenza e splendore e passione 'io amo', 'io odio', 'io soffro'. La sua esperienza, anche se più intensa, è allo stesso livello della nostra. Ma invece non c'è 'io' in *Cime tempestose*. Non ci sono istitutrici. Non ci sono padroni. C'è l'amore, ma non è l'amore tra uomini e donne. Emily rivolgeva lo sguardo a un mondo spaccato in due da un gigantesco disordine e sentiva in sé la facoltà di riunirlo in un libro. Il suo è il più raro dei doni. Sapeva liberare la vita dalla sua dipendenza dai fatti".

Anne tra loro è come una linea mediana, più mansueta e offuscata delle sorelle. Arriva per ultima e si muove in punta di piedi per tutta la vita. C'è sempre qualcuno che "occupa più posto di lei". Anche l'uscita di *Agnes Grey* viene fagocitata da quella di Emily. Riceve critiche positive e di lei scrivono: "La sua è la prosa narrativa più perfetta della letteratura inglese, semplice e bella come un vestito di mussolina", ma essere paragonata alla mussolina non è poi così lusinghiero se le tue due sorelle nel frattempo hanno preso a picconate ogni stereotipo e rivoluzionato il ruolo della donna nella narrazione. Nell'esplosione di questi talenti, Branwell azzecca per la prima volta in vita sua il tempismo che non ha mai avuto: il 24 settembre del 1848 muore. Chissà cosa e quanto avremmo capito del rapporto fra lui ed Emily, se Charlotte, dopo la sua morte, non avesse distrutto tutti i suoi scritti. Racconterà di averlo fatto per non compromettere la sua reputazione, ma in realtà era talmente compromessa da far poi immaginare a storici e biografi che questo gesto dovesse proteggere non lui, ma forse la persona che le stava più cara, Emily. Nel corso di due secoli sono state fatte centinaia di speculazioni, congetture, allusioni. Certo è che Branwell, come Heathcliff, sarà per sempre una presenza fantasmatica, capace anche in morte di portare altra morte. Emily, infatti, decide di non volergli sopravvivere. Prende freddo durante il funerale, ricomincia a tossire furiosamente e rifiuta ogni cura ("No poisoning doctor" ripeterà allo sfinimento). Si abbandonerà quasi con voluttà alla tisi per morirne il 19 dicembre, nemmeno tre mesi dopo il fratello. Ha solo trent'anni e viene sepolta nella chiesa sulla collina, il punto della brughiera più battuto dal vento. Ad aprire il corteo funebre sarà Keeper, il suo cane. Anne la seguirà dopo poco, ma nello stesso modo in cui è vissuta, in punta di piedi e con una dolcezza incidentale. Niente a che vedere con la furiosa tisi di Emily: anche se Anne tossisce, lo fa piano piano, tanto che viene portata al mare, a Scarborough, per curare una malattia che non ha apparentemente nulla di terribile. E invece il 24 maggio del 1849 muore, quattro giorni dopo essere arrivata.

Charlotte cura e seppellisce tutti, e quando ha finito i morti da piangere decide di cominciare finalmente a vivere. Viaggerà e sarà l'unica delle sorelle a conoscere in vita la fama e l'amore. Scriverà altri romanzi, come *Villette* e *Shirley*, e curerà la seconda edizione delle opere delle due sorelle. Spesso la vedranno a Londra perché le piace il teatro, e visita per cinque volte la Grande Esposizione al Palazzo di Cristallo, nel 1851. Nel 1854 si piega persino all'idea del matrimonio, sposando in aprile una variazione sul tema del suo pseudonimo: Arthur Bell Nicholls, che nel 1845 era diventato il curato di Haworth. Arthur la ama teneramente e lei lo definisce "il più affettuoso sostegno, il miglior conforto terreno". Finalmente i suoi nervi migliorano, cessano i mal di testa e quella depressione che l'ha accompagnata per tutta la vita si dissolve. Un lieto fine? Per le Brontë non è previsto. Charlotte si ammala ai polmoni e muore a soli trentotto anni, il 31 marzo del 1855, incinta del primo figlio. Il padre, sopravvissuto a tutti quei figli di cui non aveva capito nulla, è l'ultimo ad andarsene a ottantaquattro anni, nel 1861.

La loro casa – certamente dimora di fantasmi – adesso ospita il Brontë Parsonage Museum, dove ogni cosa è rimasta com'era. Chi ha compiuto il pellegrinaggio per raggiungere le sorelle Brontë a Haworth sa che è un tragitto lento e complesso, perché per entrare nel loro mondo occorre un tempo fisico davvero significativo, come a rimarcare quanto grande sia lo spazio che ci separa da loro. Si prende un treno a Londra e si arriva a Leeds, da cui parte un altro treno per Skipton che si ferma a Keighley. Serviranno ancora un autobus o un treno a vapore e solo dopo si potrà dormire al Brontë Hotel, prendere un brontë taxi e al pub ordinare una Emily (birra dal colore pallido e gusto asciutto), una Charlotte (una IPA molto fruttata) o una Anne (dal sapore decisamente tradizionale). Le sorelle sono considerate numi tutelari a tutte le latitudini, con veri e propri rituali di evocazione. Pare vengano in soccorso anche per decisioni epocali di vita. Se avete dei dubbi, siete in cerca di consigli, e non sapete che pesci pigliare, potete provare il metodo delle "ragazze" dell'omonimo film di Mike Leigh. Quando devono prendere una decisione importante, afferrano *Cime tempestose*, posano la

mano sulla copertina, invocano gli spiriti delle sorelle, pongono la questione, aprono una pagina a caso,
puntano il dito su una frase e voilà... ecco la risposta
a ogni patema. Se funzioni o meno non ha importanza: è letteratura, e la letteratura non ha mai avuto bisogno della prova della vita per essere vera.

MOIRA ORFEI

"Il popolo dell'autunno." È così che Ray Bradbury, il visionario scrittore di *Fahrenheit 451*, chiamava la gente del circo. Non perché i carrozzoni e le attrazioni che contenevano arrivassero in quella stagione, ma perché la carovana dei circensi si porta dentro l'idea malinconica di qualcosa che appartiene a un altro tempo, un tempo in cui la televisione non esisteva ancora, le serie on demand non erano nemmeno immaginabili e per farsi emozionare bisognava ancora uscire di casa. Il tendone da circo è il pezzo di un passato antichissimo sopravvissuto fino a qui non si sa come, e allo stesso tempo è un elemento fuori dalla storia, che non somiglia a niente, assoluto come un'evocazione fantasmatica. Quella grande cattedrale laica dove si comprano stupore e risate non ha fondamenta: arriva per andarsene e che torni non è mai detto; puoi solo sperare che facendo il giro capiti ancora dove vivi tu. Il circo è un tramonto permanente, ma tutti vogliono vedere i tramonti.

Nella storia del circo italiano però c'è un astro che a tramontare ci ha messo così tanto che per anni abbiamo quasi creduto che quella luce potesse non finire mai. Non aspettava l'autunno per alzarsi in cielo, anzi. Accadeva più o meno a maggio inoltrato, ogni anno, e il modo era sempre lo stesso, quasi rituale. Si faceva annunciare da cartelloni fluorescenti e colorati, ammiccanti a decine dai muri e dagli autobus. Li potevi vedere da lontano e ritraevano sempre la stessa cosa: il viso in primissimo piano di una donna che sorrideva beffarda con gli occhi cerchiati dall'eyeliner, il rossetto brillante, un neo sulla guancia destra, un altro sotto il labbro a sinistra e la turba dei capelli nerissimi, raccolti in un intreccio che dava vita a una monumentale torre corvina. Nel parcheggio della periferia, di solito uno sterrato, veniva poi innalzato un enorme tendone a righe circonfuso di luci colorate. Solo a quel punto cominciavano a girare per la città una serie di camioncini con altoparlanti che lanciavano biglietti con delle tigri disegnate e ripetevano dai megafoni che sì, finalmente il circo era arrivato, ma soprattutto era arrivata lei: Moira Orfei, la regina.

Il suo nome per i bimbi era una specie di leggenda e quell'alone esotico era confermato dall'arrivo, nelle nostre scuole elementari di provincia, di nuovi estemporanei compagni di classe. Erano i figli

dei circensi, che avevano vestiti insoliti e sprizzava-
no un senso di libertà inimmaginabile per noi, cre-
sciuti a colpi di divieti e "Gesù non vuole". I maschi
erano creature forti e smilze, scattanti come gli animali selvaggi del circo, dei quali si favoleggiava che
mangiassero i cani randagi o quelli lasciati incusto-
diti. Qualcuno aveva già dei tatuaggi e i nostri genitori ce la mettevano tutta per spezzare il fascino che
quei segni bluastri esercitavano su di noi. "Che ti ta-
tui a fare, sei mica un giostraio" ripetevano sprezzanti, come se il giostraio non fosse il mestiere più
affascinante del mondo per noi figlie di gente col lavoro sempre uguale e i pensieri anche. C'erano poi
le ragazzine, tra le quali furoreggiavano nomi altiso-
nanti come Regina o Iside, che al posto degli astucci
avevano nelle loro cartelle grandi trousse straripan-
ti di lucidalabbra, ombretti glitterati, smalti e altra
roba colorata che ci sembrava preziosissima. Le nostre madri si truccavano, ma non così. Trascorreva-
no ore a simulare uno splendore che sembrasse naturale e non si notasse, perché non stava bene attirare
troppo l'attenzione. A quelle ragazzine aliene invece il make up serviva proprio a quello, per essere viste e somigliare a Moira, a cui tutte, loro e noi, guardavamo come a un'apparizione.

Quando il circo smontava il tendone e le figlie dei
circensi se ne andavano dalle nostre classi, lasciava-
no molto di più di un banco vuoto. Partiva con loro
la nostra meraviglia, l'idea che a sette anni fosse pos-

sibile scintillare di glitter o salire su un trapezio senza nessuno sotto a gridare "Scendi, che ti fai male". Regina e Iside quell'idea l'avevano imparata da Moira, che da bambina si chiamava ancora Miranda ed era una cavallerizza incredibile. La sua esibizione – fatta insieme alle cugine Liana e Graziella – era una delle principali attrazioni del circo di suo padre, Riccardo Orfei, conosciuto come il leggendario clown Bigolon. Ai bambini non c'è padre che non sembri gigantesco, ma Bigolon enorme lo era davvero. Un metro e novanta di altezza per centoventi chili, Riccardo Orfei era bellissimo e malandrino, il tipo d'uomo che difficilmente invecchierà in pace davanti al camino. Moira infatti rimarrà orfana di un padre trentaquattrenne che ricorderà giovane per sempre. Nella famiglia degli Orfei però non c'è nessuno che possa essere definito normale secondo i canoni del perbenismo italiano. I nonni paterni, Ersilia e Paolino, erano circensi a loro volta e avevano origini sinti. Zingari in italiano vuol dire gitani e allo stesso tempo girovaghi, quasi che la radice stessa del popolo zigano fosse quella di non radicarsi mai, come un rame – diceva De André – a imbrunire su un muro.

La storia degli Orfei inizia nel 1820, quando il bisnonno di Miranda, che è un prete missionario, si trova nel Montenegro per battezzare i bambini del posto. S'innamora di una zingara più bella di Esmeralda in Notre-Dame de Paris e rinuncia alla tonaca – immaginiamo senza troppo dispiacere – per andare a vivere in Italia con lei, i suoi quattro cani e un orso. Dalla liturgia sacra a quella profana il salto è breve: è allora che nasce il circo Orfei e sarà proprio lui, l'ex prete missionario, a lasciare in eredità ai figli i libri di magia che arriveranno poi anche a Miranda. In quei libri si dice ci fossero le formule del malocchio, pratica per cui gli Orfei erano ben noti, ma Moira dirà che nella vita ha preferito sempre toglierlo piuttosto che metterlo. A smentirla c'è almeno un'eccezione, quella della famosa maledizione indirizzata a Giulio Andreotti, ma questo accadrà molto più avanti.

Gli anni '30 sono ancora quelli in cui tutto comincia, compresa la bambina che nel circo letteralmente ci nasce nel 1931, venendo al mondo in un carrozzone a Codroipo, un paesino nella provincia di Udine, dove il circo si esibiva per le feste di Natale. Anche la mamma, Violetta Arata, è una circense e sospende lo spettacolo giusto il tempo di partorirla. Miranda, che tutti chiamano Mora per via della carnagione e dei capelli neri, ha qualcosa di esplosivo fin da piccola e ne è consapevole in un modo che sfiora la sfrontatezza. "Per fare pubblicità al circo, mio zio Orlando usava me e le mie due cugine. Ma tutta la gente veniva dietro a me." I mestieri del circo Mora li sperimenta tutti e dopo il primo amore per i cavalli diventa virtuosa del trapezio e acrobata, domatrice di elefanti, leoni, tigri, foche e infine addestratrice degli animali meno docili di tutti: le colombe. Per i sinti quella bambina che domestica tutto ciò che tocca è una specie di regina e lei ricambia l'amore. I piccoli zingari di altre famiglie che di posta in posta vogliono vedere lo spettacolo entrano gratis: per loro lei lascia tranquillamente fuori la gente che paga.

Mora non è solo autorevole: è seducente. L'aura che emana è prepotentemente sensuale e la fa entrare nei sogni erotici d'Italia senza che sia necessario, all'inizio, farla passare per quello che allora era già il più grande generatore di icone, il cinema. A ventitré anni per irrompere nell'immaginario degli italiani le basta una foto scattata nel 1954 da Mario De Biasi per una rivista dell'epoca. Vi compare di spalle, stretta in un abitino bianco abbagliante mentre cammina fiera e impettita verso un esercito di uomini che la guardano, sorridendo incantati. Il loro desiderio è così forte che sembra smuovere la bidimensionalità dell'immagine, e a smorzare la sensazione di un cataclisma ormonale non basta neanche lo sguardo severo dell'unica altra donna della foto, anziana e vestita di nero, che in prima fila interpreta l'involontaria incarnazione di una generazione moralista per la quale la seduzione e l'affidabilità stanno su piatti diversi della bilancia.

Moira della sua bellezza non sarà mai imbarazzata né colpevole, portandola con la stessa sicurezza con cui aveva fatto ondeggiare le curve in quella camminata da ragazza. La foto finirà poi al Guggenheim di New York per una retrospettiva dedicata all'Italia e lei racconterà: "In quell'occasione fermai il traffico di

Milano. La gente capiva chi fossi perfino guardandomi da dietro". Moira semaforo impazzito, Moira incidente di percorso, Moira che conosce il potere del desiderio e usa il suo prodigioso fondoschiena come ombelico del mondo, con buona pace di tutte le Kardashian a venire.

Cosa c'è di rivoluzionario in questo? Da Giuditta a Cleopatra, da Salomè a Nefertiti, di donne che hanno saputo usare la loro bellezza per guidare la volontà maschile è piena la storia e forse da questa prospettiva Moira è solo una maliarda in più. Prestando maggior attenzione si capisce però che quello che la regina del circo fa è più sfaccettato di quanto non appaia: mentre aderisce allo sguardo maschile dell'epoca e dunque non sembra mettere in scena alcuna rottura rispetto allo stereotipo della donna desiderabile, Moira compie in realtà la sua vera rivoluzione, agendo sull'immaginario femminile molto più che su quello degli uomini. Dove i maschi vedono una bella donna, le donne vedono una creatura che a partire da quella bellezza – il bene più deperibile di tutti – costruirà la sua apoteosi, rendendola così strutturale da lasciarla potente anche quando, appesantita dai chili e dagli anni, bella secondo i canoni Moira non lo sarà più.

Non è però solo dello splendore della gioventù che quella donna monumentale potrà fare a meno: di Cleopatra, di Giuditta, di Nefertiti e di Salomè si ricordano anche (e in qualche caso soprattutto) i nomi degli uomini che le hanno rese immortali, talvolta loro malgrado. Per pensare grande Moira non è necessario evocare alcun compagno, mentore o nemico. La regina corvina che sorride dai manifesti di tutte le città d'Europa non è stata mai la metà di nessuno.

Eppure gli uomini che provano a contare qualcosa nella sua vita sono numerosi. A scoprirla per il cinema è infatti Dino De Laurentiis, che negli anni '60 per prima cosa la ribattezza col nome che tutti conosciamo, Moira, aggiungendole quella "i" per renderla più "esotica". È sempre lui a dettarle il look, alzandole i capelli a turbante per creare l'incredibile nido/crocchia che le regala dieci centimetri in più rispetto al passaporto. Ci piace pensare che per lei De Laurentiis avesse mutuato l'immaginario di Mervyn Peake, che nel ciclo di *Gormenghast* descrive così i capelli della madre di Tito: una cofana talmente alta e intricata che gli uccelli ci facevano il nido, in aggiunta a uno stuolo di gatti bianchi che seguivano la contessa ovunque. Non pago di quell'immagine già così forte, il regista le accentua i nei, la trucca tantissimo – di nero gli occhi e di rosso la bocca – e le dà il consiglio che nessuna di noi seguirebbe mai nella vita: "Non cambiare mai perché chi cambia look non ha personalità". Moira però in quell'apparenza sopra le righe riconosce qualcosa di profondamente suo e non lo tradirà mai, restando in effetti sempre così. Racconterà di aver sciolto la capigliatura solo una volta in cinquant'anni per vedere che effetto faceva, ma che nessuno riconobbe in quella bella donna con i capelli lunghi fino al sedere la creatura maestosa davanti alla quale si inginocchiavano i leoni. Moira era già diventata troppo il suo personaggio per potersi permettere di retrocedere a persona, e così i capelli tornarono com'erano.

Moira reciterà in quarantasette film con partner come Vittorio Gassman, Marcello Mastroianni e persino Totò. Si specializzerà nel cosiddetto genere Peplum, pellicole pseudostoriche ambientate nell'impero romano o in ambito biblico, dove dal domare gli elefanti passerà a domare Maciste, dotata di frustino e costumi fatti di veli. La sua connotazione così poco incasellabile le consente di riuscire in una cosa davvero rara: lavorerà indistintamente con registi del calibro di Luchino Visconti e Dino Risi, ma anche con Franco & Ciccio, dal grande Pietro Germi alle commedie di grana grossa dei fratelli Vanzina. Sarà proprio Germi, che la dirige in *Signore & signori*, a dirle: "Moira, se tu studiassi recitazione saresti brava come la Loren". Studiare recitazione avrebbe però voluto dire stare lontana dal circo e lei a fare una cosa simile non ci pensa proprio.

Molti furono gli uomini che immortalarono o codificarono la sua immagine, ma solo uno riuscì a raggiungerle davvero il cuore senza uscirne mai più, perché Moira Orfei – a dispetto dei suoi molti ruoli – era la donna di un uomo soltanto e quell'uomo si chiamava Walter Nones. Nel 1961 lo sposa e i fiori del matrimonio vengono portati dagli elefanti. Lo amerà per tutta la vita e non passerà giorno in cui non sarà gelosa di lui. Si conoscono da sempre, perché nel circo ci si conosce tutti, ma è in Kuwait nel '59, durante uno spettacolo organizzato per i principi arabi, che tra i due nasce l'amore. Lui è bello e lo sa, tanto che all'inizio fa un po' il sostenuto, ma Moira lo vuole, e ciò che Moira vuole Moira ottiene. Se fossimo in un romanzo di Harry Potter, lui sarebbe un personaggio mezzosangue, un mago a metà con una parte babbana, non magica. Walter è infatti figlio di un "fermo" (i circensi chiamano così quelli che non arrivano dal circo, i sinti che hanno abbandonato la vita nomade) e di una Medini, proveniente invece da una delle più celebri dinastie del circo italiano. Il padre immagina per lui un futuro da ingegnere navale e lo manda a studiare dai salesiani, per scongiurare la possibilità che il suo sia un futuro di acrobazie. Ma non basta un pragmatismo imposto a tavolino a generare un futuro sotto controllo.

Walter è un circense fino all'ultima fibra e a colpi di allenamenti diventerà prima un atleta dalla forza incredibile, poi ballerino, acrobata, giocoliere, domatore di grandi felini e infine impresario di successo, importando in Italia lo spettacolo di Holiday on Ice, il circo di Mosca e quello di Pechino. È il primo domatore a introdurre "l'addestramento in dolcezza", a stretto contatto con le belve, praticamente a mani libere. Dice che per essere un vero domatore bisogna avere "il coraggio dell'incoscienza e la coscienza dei rischi, la freddezza, la prontezza dei riflessi e soprattutto la capacità di penetrare nella psicologia degli animali". Peccato che anche sua moglie per lui rientri nella categoria delle creature da addestrare. Di Moira dice: "Con lei bisogna avere tatto perché non è mai domata. Però è dolce, se la sai prendere.". È il linguaggio dei circensi, per i quali tutto il mondo è divisibile in due: chi doma e chi si fa domare, in un eterno gioco di potere dove dimenticare quei ruoli può significare morire.

A consacrare la perfetta sovrapponibilità tra la loro vita e il loro lavoro, Moira e Walter fondano un loro circo, Il circo di Moira Orfei, che si basa sui tre ingredienti della tradizione circense – acrobati, clown e animali – ed è tenuto insieme dalla regola aurea di Moira: lusso sfrenato sempre e comunque, perché, come dice lei: "La gente, quando viene al circo, non vuole vedere la miseria. Vuole vedere lo sfarzo, e uscire allegra". Walter, da uomo intelligente qual è, capisce che per fare fatturato è più utile associare il circo al nome e cognome della moglie, così lui rimane nelle gabbie, perché è lei che smuove le folle, è lei che gli uomini desiderano ed è a lei che le donne segretamente vorrebbero, almeno un giorno nella vita, assomigliare.

Avvicinarsi a quella fiamma a molti però non basta: non vogliono scaldarsi, ma bruciare fino alla consunzione. Totò s'innamorerà di lei in modo così travolgente che arriverà a farle una proposta dal suo punto di vista assurdamente dolce, dicendole: "Guarda, Moira, se tu venissi a letto con me, ma senza fare niente, solo standomi vicina e lasciandoti accarezzare, ti regalerei un appartamento da trenta milioni. Che ne dici?". Lei declina l'offerta, ma per non offenderlo trova le parole che le donne conoscono da sempre davanti alle avance non gradite: "Guardi principe, mi dispiace, ma se non fossi così innamorata di mio marito il primo uomo con cui andrei a letto sarebbe certamente lei". Con la sua saggezza schietta, Moira usa questa scusa un po' con tutti. Spiega: "Era una frase che non offendeva nessuno e permetteva poi di restare amici. È meglio che dire: non vengo con te perché mi fai schifo...". Nonostante lei sia così desiderata, è però Walter tra i due a combinare più pasticci. Moira dice che lui ha il "fascino della sbarra", quello che nel linguaggio circense si attribuisce ai domatori. Tutte le donne lo vogliono e non importa se è sposato con la Regina, anzi proprio per questo lo vogliono di più. Così lui, che non porta la fede (sostiene che una volta un leone si è agganciato lì con l'unghia e gli ha quasi rotto il dito), ogni tanto sparisce. È Moira stessa a raccontare che in un'occasione prese a schiaffi il nano che gli faceva da messaggero amoroso portandogli i bigliettini delle ammiratrici. "Sono sempre stata gelosissima. Un giorno mi sveglio alle cinque di mattina e non lo trovo nel letto. Ne ero certa: stava con la trapezista. Esco e lo aspetto fuori dalle stalle degli animali, so che è lì con lei. Prendo una tanica e butto la benzina tutt'intorno. Avevo già il fiammifero acceso, mancava poco e mi facevo trent'anni di galera." Ma lui esce dall'alcova, la calma e lei, come nel più trito dei cliché, lo perdona. Rimarranno insieme per tutta la vita, pur con qualche cerino acceso ogni tanto come ammonimento, e avranno due figli (Lara e Stefano) che verranno entrambi battezzati, come nella migliore tradizione circense, nella gabbia dei leoni.

Per Moira i film sono il biglietto con cui paga il suo vero sogno. Con i soldi delle pellicole mantiene il suo circo competitivo in anni in cui gli altri circhi sono già attrazioni del passato, mentre lei può investire per creare con Walter numeri sempre più innovativi. Con il tempo però i film che le propongono diventano sempre più brutti – sebbene più divertenti, aggiungerà lei, a onor del vero –, tanto che ridurrà le sue apparizioni, commentando che "al cinema vai avanti con le raccomandazioni, mentre al circo devi provare quattro o cinque anni per fare un numero, perché davanti a una tigre non c'è raccomandazione che tenga". Il circo di Moira non sembra conoscere crisi. Fa quattrocento spettacoli all'anno e le tournée si spingono ovunque. Insieme ai loro animali lei e Walter attraverseranno letteralmente il mondo, non sempre senza incidenti. Nel 1978 rimangono bloccati per sei mesi in Iran con cento artisti a carico e cinquanta animali. Quanto sia stato difficile lo racconta lei stessa nel consueto modo colorito: "Il circo non si chiamava Moira Orfei, avevamo scelto il nome sbagliato: Circo Occidentale. Ma avevamo un successo pazzesco, almeno finché c'era lo scià. Poi comincia la rivoluzione, arriva quel Khomeini e noi diventiamo fuorilegge, perché abbiamo le ballerine: siamo peccatori! Roba da matti. Khomeini mette al bando il circo, brucia tutto e ordina di uccidere gli animali. Non riusciamo a tornare in Italia per settimane. Prima uccidiamo i cavalli per dar da mangiare ai leoni, che poi però muoiono comunque. Solo gli elefanti si salveranno. Nel frattempo ottengo un visto per tornare da sola in Italia e chiedere aiuto a Giulio Andreotti, che all'epoca è presidente del Consiglio. Mi presento da lui con i giornalisti, ma lui mi risponde con sufficienza: 'Eh, se dovessi salvare tutte le ditte in difficoltà...'". Non si fatica a immaginare la scena tra il composto statista avvezzo a tutte le mediazioni e la focosa signora del circo. Moira si mette a urlare davanti ai giornalisti (tra cui Vittorio Feltri) che la trattengono per impedirle di picchiare Andreotti. Alla fine arriva Achille Lauro a risolvere la situazione: dà a Moira la nave *Silvia* per riportare in Italia il personale, gli animali e le attrezzature non ancora distrutte dalla furia dei fanatici integralisti, ma per Moira l'affare con Andreotti non è concluso. Praticherà contro di lui il primo malocchio della sua vita (benché forse non il primo della vita del divo Giulio), ma senza grandi risultati. Come mago era decisamente più forte lui.

Con i suoi animali Moira finirà anche in Vaticano, portando in piazza San Pietro ventisei cavalli, sette cammelli, qualche lama e otto elefanti. Riceverà la benedizione di papa Giovanni Paolo II e dividerà con lui i baci sulla mano della gente accorsa un po' per il papa e un po' per la badessa del circo. Tra le avventure di Moira è memorabile anche la tournée dell'84 in Libia, che lei ricorderà per l'assurdità delle misure di sicurezza di cui era fatta oggetto la famiglia del dittatore. "Gheddafi arriva al circo, tutto mascherato, e si porta la famiglia, moglie e i quindici figli. A un certo punto arrivano in pista i coccodrilli a pochi metri da loro e in mezzo secondo escono venti guardie armate con le pistole. Walter era morto dalle risate." Nemmeno i Gheddafi sapevano che al circo il pubblico deve temere i domatori, non gli animali.

Lei e Walter hanno una gran villa a San Donà di Piave, ma Moira non ci dorme mai. "Non ci starei neppure se mi pagassero, mi verrebbe una depressione da spararsi. Al circo è tutta un'altra cosa: vedi centinaia di persone che ridono, scherzano, urlano, che sono vicine a te. Non sei mai sola." Quando ci tornano, lei resta a dormire nel giardino, sul caravan. "Perché io ci sono nata, in una carovana" dice. "È la mia casa, ho la fortuna di avere sempre davanti a me delle visuali diverse." Il suo caravan delle meraviglie, che sembra un po' quello di una Barbie 2.0, è una suite deluxe gialla-azzurra tutta scintillante. Dice di averla arredata ispirandosi al film *Il vizietto*: "La mia carovana l'ho voluta uguale identica. Solo che le statuine d'argento e in ceramica invece di riprodurre uomini nudi hanno le donne. Costa centinaia di migliaia di euro. Solo qualche sceicco arabo ce l'ha così lussuosa. Quando si viaggia è larga solo due metri e mezzo, ma quando si arriva sul posto si apre idraulicamente e diventa un appartamento largo otto metri e lungo ventiquattro". È l'unico posto in cui Moira sta bene, tra gli specchi, i divani rosa, i pizzi, le tende drappeggiate, i suoi ritratti in mille cornici, le statuette di padre Pio a profusione e gli amati elefanti dappertutto (ricamati sui cuscini, dipinti, o in ceramica). La passione di Moira per i grandi pachidermi non ha paragoni nel mondo del circo. Il suo elefante preferito è Whisky. "Mi ama" racconta. "Gli altri si comportano da elefanti, lui è come un cagnolino. Mi abbraccia, mi accarezza con la proboscide." Quando l'animale morirà, Moira soffrirà tantissimo.

Gli ambientalisti però sono preoccupati assai più per le sofferenze degli animali che non per le sue. Alle loro critiche lei controbatterà sempre con foga: "Gli animali ci danno da mangiare, è vero. Ma per me sono come persone, più delle persone: non ti chiedono niente e in cambio ti danno tutto. Se qualche animalista vuole lo assumo come stalliere, vedrà come li trattiamo bene. Una tigre mangia quindici chili di carne al giorno, un elefante un quintale di fieno, quaranta chili di crusca e avena, venti di mele e dieci di zucchero. E poi dormono, lavorano poco, sono am-

maestrati un'ora e mezzo al giorno. Io adoro gli elefanti, hanno l'intelligenza di un bambino di quattro
anni. Pensate che uno costa centosessantamila euro,
perché dovrei trattarlo male? sarei pazza". Sono gli
anni '80, la sensibilità sta cambiando e usare gli animali per il diletto degli umani non è più così pacifico.
Gli stilisti rinunciano alle pellicce, sono gli anni delle prime manifestazioni contro la vivisezione, e Bri-
gitte Bardot e Marina Ripa di Meana sono testimo-
nial apripista di un lusso senza crudeltà. Moira non
si sente toccata da tutto questo, perché per lei gli animali non sono mai stati cose, ma sempre compagni
e figli, con cui condivide i rischi di un mestiere dove
talvolta è lei a farsi male, come quando un paio di elefanti le cadono addosso durante lo show schiaccian-
dole alcune vertebre.

Con la consapevolezza contemporanea non è difficile riconoscere nel modo in cui Moira parla degli
animali da circo il frutto di un malinteso rapporto di
potere. Quando dice cose come "me ne prendo cura,
do loro da mangiare, sono affezionatissima" si mette sempre al centro del rapporto, facendosi interpre-
te non solo dei propri bisogni e desideri, ma anche
di quelli delle bestie stesse, come se li conoscesse e
spettasse a lei soddisfarli. Questa logica è la stessa
con cui per secoli gli uomini hanno immaginato il
proprio rapporto con le donne: "Rinunciate alla vo-
stra libertà, al vostro status di autonomia, assumete
il ruolo che vi chiediamo e in cambio noi ci prende-

remo cura di voi, vi daremo una casa, vi nutriremo, procacceremo per voi il necessario, vi vorremo bene". In questa prospettiva è normale pensare che la creatura subalterna non abbia di che lamentarsi, perché nulla le è stato fatto mancare di quanto si supponeva avesse bisogno.

All'interno dei parametri di valore definiti dalla dominanza esiste un parallelismo evidente tra il modo in cui gli uomini hanno per secoli trattato le donne (nel rapporto tra maschi e non maschi) e quello in cui gli esseri umani in genere trattano e hanno trattato gli animali (nel rapporto tra umani e non umani). Esistono tre sfumature di questa modalità, in base alle quali gli animali in rapporto all'uomo sono definibili come selvatici, domestici o d'affezione. Gli animali d'affezione non vengono mangiati, vengono accuditi come parte della famiglia e sono inclusi nell'intimità degli esseri umani in rapporti che possono essere definiti certamente affettivi, pur nel dislivello di potere. L'uomo dà un nome al suo animale d'affezione e lo nutre, lo cura e lo protegge, ricevendone in cambio fedeltà e affetto. L'animale domestico è un gradino più sotto: benché riceva cure, protezione e talvolta un nome, non è la relazione la categoria che definisce il rapporto con l'essere umano, ma la funzione. Gli animali domestici che vivono nell'aia vengono nutriti per diventare nutrimento e la quota di fedeltà richiesta alle galline è certamente inferiore a quella che si richiede al cane o al gatto di casa. Gli animali selvatici sono invece fuori, per loro volontà, sia dal rapporto di relazione che da quello funzionale: sono fedeli solo al loro istinto, si nutrono autonomamente ed è impossibile condurli a una condizione di appartenenza a un padrone. Nei loro confronti sembra possibile qualunque abuso, dalla caccia all'avvelenamento, dallo sterminio pianificato con l'introduzione di appositi predatori all'impagliamento decorativo negli ambienti domestici.

Per Moira Orfei il rapporto con gli animali del circo era probabilmente a metà strada tra l'affezione e la domesticità, tra la relazione pura e la funzione del circo stesso, che per lei era una casa e di conseguenza rendeva intimo tutto quel che si muoveva al suo interno. Moira ha preso il modello di potere in cui lei stessa era stata definita e lo ha applicato alle creature subalterne, interpretando il ruolo della madre/padrona con tutto l'amore che quel dominio le consentiva. Ma, così come i suoi animali amatissimi non possono sottrarsi alla pista del circo, nemmeno a lei alla fine sarà consentito farlo. Quando non sarà più in grado di eseguire le acrobazie con i suoi elefanti, anche lei dovrà comunque continuare ad andare in scena, perché se non si mostra a loro alla fine dello spettacolo i suoi fan chiedono indietro i soldi del biglietto. Così Moira tutte le sere salirà su un Maggiolone nero con delle gran margherite dipinte, guidato da un clown, e come una vera regina saluterà il suo pubblico con un giro finale che terminerà con una standing ovation generale. Si prenderà, sempre e ovunque (al cinema, al circo, in tv), tutto lo spazio che vuole, Moira, perché, anche senza elefanti, doma la scena: è chiassosa, rumorosa, tintinnano i suoi gioielli, tintinna la sua voce, sempre più alta delle altre, e tintinnerà la sua risata fino all'ultimo.

Moira morirà il 15 novembre 2015, un mese prima di compiere i mai dichiarati ottantaquattro anni, ai quali ne levava sistematicamente una ventina con la complicità di una pelle misteriosamente fresca e morbida. Sceglierà di spegnersi nel suo posto preferito, il caravan da bambola, casualmente parcheggiato a Brescia per seguire come sempre il suo circo. A San Donà di Piave, che per tutta la vita aveva rifuggito terrorizzata da qualsiasi possibilità di quotidianità stabile, tornerà in morte per il suo ultimo show, in una carrozza trainata da quattro cavalli bianchi come da sue volontà. Narra la leggenda che Moira non sia mai voluta andare a un funerale e che spesso, scherzando, dicesse che non sarebbe andata nemmeno al suo. Invece organizza la propria uscita di scena per bene e a suo modo, a cominciare, appunto, da quei magnifici cavalli bianchi. La camera ardente sarà profumatissima: tantissime boccette del suo profumo preferito, Mitsouko, vengono spruzzate nell'aria per evocarne la presenza, mentre un teleschermo gigante proietta in loop gli spezzoni dei suoi film e le sue immagini più iconiche al suono, ovviamente, delle musiche del circo. A salutarla arriveranno centinaia di migliaia di

persone, tra le quali anche Alberto e Stephanie di Mo-
naco. Una volta, in un'intervista, le hanno chiesto che
epitaffio avrebbe voluto. E lei scherzando ha risposto:
"Qui c'è Moira Orfei che ha fatto fermare tutta Milano per il suo culo. Sono stata l'unica. Nemmeno So-
fia Loren ha fatto fermare tutta Milano".

TONYA HARDING

Quante vite si possono vivere dentro l'unica che ci è data? E quante evoluzioni di noi stesse ci consentirà di fare un mondo che dimentica tutto tranne il giudizio e che a distanza di decenni è ancora pronto a tirarti in faccia gli errori della persona che sei stata? Che si abbiano scheletri di mammuth nell'armadio o semplici deviazioni dalla traccia sociale permessa, tutte abbiamo almeno una volta sentito il bisogno di presentarci davanti alla vita con lo spirito di un file davanti al sistema: *salva l'ultima versione e dimentica, ti prego, tutte le altre*, e chissà quante volte avrà formulato questa preghiera Tonya Price. Il suo nome non vi dirà probabilmente niente e continuerà a non dirvelo anche se vi mettete a cercarlo su Google. Troverete le foto (stranamente moltissime) di una signora statunitense bionda innaturale, le unghie con smalti dai colori strillati e una frangetta bombata, residuo estetico di un gusto anni '80. Forse c'è stato un tempo in cui il suo corpo appesantito dall'età aveva muscoli più tonici e forme scolpite, ma è difficile dirlo guardandola ora. L'anonima signora Price risulterebbe sposata dal 2010 con Joseph Jens Price, un tecnico di impianti di climatizzazione conosciuto in un karaoke di Los Angeles mentre cantava *Great Balls of Fire*. Programmatico di un carattere scoppiettante? Non molto. Da qualche parte la signora Tonya racconta persino di essere stata lei ad avergli fatto la proposta, perché i suoi due primi matrimoni erano stati uno schifo e voleva riprovarci una terza volta. La sua storia dimostra che è lei quella che non si arrende facilmente e in certi casi forse porta bene: dice infatti in qualche intervista che Joe si è rivelato l'essere umano più gentile che lei abbia mai incontrato e insieme hanno anche un figlio, Gordon. Una storia comune, dunque, e quasi banale, al punto che è difficile capire perché la si trovi riportata copiosamente sul web. A chi può importare qualcosa di una donna così apparentemente ordinaria? La risposta è: a nessuno, a meno che della vita della signora Price qualcuno abbia salvato solo l'ultima versione. Ma se è così, qual era l'altra?

Prima di risposarsi con Joseph Jens, il cognome di Tonya era Harding. Digitandolo sui motori di ricerca vi si spalancheranno i tratti di una storia feroce e grottesca che ha generato il più grande scandalo sportivo degli anni '90. La signora Price oggi racconta di aver desiderato tantissimo di smettere di essere Tonya Harding, e per molti versi non è difficile crederle, dato che in memoria di quel cognome può ancora capitare che le infilino topi morti nella cassetta delle lettere. Tuttavia Harding è anche il cognome con cui è arrivata alla fama, al successo più alto, a vincere le sfide per cui ha lottato tanto e a essere considerata sì la più odiata di tutte, ma anche – a momenti sempre troppo brevi – la più amata. Tonya, nella sua vita precedente, è stata infatti la prima pattinatrice americana e la seconda donna in assoluto a eseguire in una competizione ufficiale un triplo axel, che è una specie di miracolo di equilibrio, forza, potenza e controllo. Per farlo devi slanciare il corpo in avanti, vincere il concetto di paura e saltare facendo tre rotazioni e mezzo. A dirlo sembra quasi facile, ma per avere la spinta necessaria a compiere questo prodigio di dinamica devi lanciarti in avanti, spingere sul filo esterno sinistro della lama del pattino e poi volare o stramazzare al suolo, senza vie di mezzo. Tonya ha volato davvero, come volava Icaro, infrangendo ogni legge della fisica solamente perché lo voleva più di tutto il resto. Il desiderio di essere pienamente se stessa senza limiti sociali né fisici è stato per lei il motore di tutto, ma – proprio come nel mito dell'eroe con le ali di cera – quelli come lei sembrano destinati a essere puniti proprio perché non si accontentano, e se la loro tenacia li porta a fare qualcosa di straordinario, spesso quello che ottengono è di essere trattati alla stregua degli altri, mai meglio. Tonya questa fatica di farsi riconoscere la sua perfezione la incontrerà molte volte nella versione Harding di sé. Persino nel momento di quell'impossibile triplo axel il telecronista ai Campionati nazionali del 1991 non chioserà con il solito "Beeeeeeeautiful" strozzato dall'emozione, ma commenterà seccamente uno stringato "Good girl", come una madre avara che non sa dire mai "Brava", ma solo: "Hai fatto il tuo dovere".

Erano tempi d'oro, quelli. Di tracce oggi ne rimangono poche, ma a cercarle qualcosa si trova ancora. Un cocktail, per esempio, che si fa proprio nel bar messicano di Portland dove Tonya Price è tornata a vivere con il marito e il figlio. Il barista l'ha chiamato in suo onore Triple Axel e contiene vodka, Bacardi 151, liquore al melone, succo d'arancia e succo d'ananas. Una combinazione esplosiva che lei ama ordinare, perché pronunciare quella parola lì – *triple axel* – è un atto di rivendicazione. È roba sua quel salto, lo ha fatto lei, e anche solo berlo le regala una luce negli occhi che evoca il pulviscolo del ghiaccio sollevato da quel momento perfetto, prima che tutto deflagrasse. In realtà, come in tutti i disastri, la frana era cominciata molto prima, forse già dal 12 novembre 1970, il giorno in cui Tonya nasce in Oregon dalla madre più terribile e violenta che sia mai stata immaginata dai tempi di *Mammina cara*: sei ex mariti alle spalle, una fiaschetta di liquore sempre a portata di mano e una cattiveria che esplicita a suon di angherie fisiche e psicologiche sulla figlia.

LaVona, così si chiama la madre, sembra uscita da un film di David Lynch. Fa la cameriera in una tavola calda, ed è – sigaretta dopo sigaretta – un compendio da manuale di tutti gli errori volontari e involontari che una madre può commettere con una figlia. Ha ambizioni, ma i suoi sogni sono l'anticamera degli incubi di Tonya, che finisce sui pattini a soli tre anni, costretta ad allenarsi per ore mentre la madre attua le più discutibili tecniche motivazionali: le dice che è una buona a nulla, la obbliga a fare pipì sul ghiaccio per non perdere tempo, e soprattutto – un particolare che più avanti sarà determinante – le impedisce di rivolgere la parola alle altre ragazzine, perché per lei sono tutte potenziali nemiche e rivali. Cresce a pattini e violenza, Tonya Harding, con le lame ai piedi e negli occhi. Non c'è spazio per figure paterne in quella cornice pensata da una donna che sa solo distruggere. Il padre fa in tempo a insegnare alla figlia a usare il fucile e a capire come funziona un motore, poi LaVona si sbarazza anche di lui per proseguire incontrastata ad abituare Tonya alla rabbia. È un progetto consapevole il suo, perché quella ferocia le sembra più funzionale di qualsiasi altro sentimento all'affrancamento sociale che spera di ottenere attraverso la figlia. E solo questo pensiero la spinge a destinare alle gare di Tonya tutti i suoi risparmi.

Tonya tecnicamente non la delude, ma nel pattinaggio artistico di quegli anni la tecnica non basta e forse non è neanche la cosa più importante. La piccola Harding ha un talento puro, intuitivo e muscolare, che però appare troppo violento agli occhi dei giudici della federazione, i quali, in ogni gara, la penalizzano per ragioni che sembrano sempre più estetiche che tecniche. La visione della disciplina negli anni '90 è ancora molto conservatrice. I giudici dalle pattinatrici vogliono l'interpretazione della grazia in performance simili alla danza, dove la forza e la precisione vengano espresse senza farsi notare e sopra ogni cosa scintilli l'eleganza della figura e del movimento. Vogliono un cigno leggiadro sui pattini e invece hanno davanti Tonya, una ragazzina alta un metro e cinquantacinque che durante le esibizioni sviluppa la stessa energia di un grizzly pronto a sbranare. A dodici anni è una macchina da pista ed esegue alla perfezione senza fatica apparente un salto complicatissimo come il triplo lutz, ma detesta le figure obbligatorie (che verranno poi abolite dalle competizioni nel 1990) e fa fatica ad adeguarsi alle regole scritte e non scritte, quelle che passano attraverso codici di eleganza, raffinatezza e dolcezza di cui intuisce l'esistenza, ma che non sa interpretare. È la femminilità stereotipata a dettare le regole, e davanti a quel linguaggio silenzioso e giudicante lei non ha scampo, perché non solo non riesce a mascherare le sue origini contadine e povere, ma sembra anzi rivendicarle. Tonya è rozza, sguaiata, perennemente arrabbiata: "Non può contare solo quello che avviene sul ghiaccio?" chiederà una volta ai giudici di gara che ancora la stanno punendo non per ciò che fa, ma per ciò che è. "Odiavo la parola 'femminile', mi faceva pensare a un salvaslip o a un tampone." L'odio che cova si vede a ogni fine gara, quando con l'allenatrice Tonya aspetta i giudizi tecnici e artistici nell'area a fianco della pista – che viene chiamata in gergo "Kiss and Cry" per le esplosioni emotive che vi si vivono – e ogni volta piange, urla e si dispera moltissimo, perché dopo ogni sequenza di voti appare evidente che non conta nulla quanto perfetta sia la sua esibizione dal punto di vista tecnico. I giudici continuano a sbatterla giù e ogni penalizzazione sembra dirle che è tutto inutile: lei non si solleverà mai dal gradino più basso della società.

Il mondo del ghiaccio chiede principesse, ma quel salto è l'unico che Tonya non può fare. L'immagine color pastello, zuccherosa e favolistica che chi volteggia sui pattini deve impersonare, almeno secondo la Figure Skating Association, è il contrario del suo carattere e della sua sensibilità, e perciò anche la musica che sceglie diventa un problema. È dura, straniante da abbinare a un numero di pattinaggio artistico e piena di crepe come lei. Con un Mozart non saprebbe proprio che farci, ma compie miracoli sul ghiaccio al ritmo degli ZZ Top o con le colonne sonore di film come *Batman* e *Jurassic Park*, dove è tutto un esplodere di suoni arrabbiati, di buoni contro cattivi, di male che spesso è più divertente del bene. Non sbaglia un salto, ma il suo talento non basta: Tonya viene bocciata sempre prima e sempre per altre cose: finché le regole passano per quell'idea di femminilità, una *redneck* un po' punk che imbraccia il fucile con maggior facilità di un fiocco per capelli è destinata a non vincere mai. Dovrebbe capirlo e arrendersi, forse, ma non lo fa. Sa di essere brava, probabilmente la più brava, e abbandona gli studi superiori alla Milwaukee High School per concentrarsi solo sul pattinaggio. In un'America classista dove nove volte su dieci è il codice di avviamento postale a determinare il tuo destino, sa che a una come lei studiare non cambierà la vita, ma pattinare... invece sì. Cerca lavoro in un supermercato per sgraffignare un po' di cibo – spesso scende in pista con lo stomaco vuoto, ha sempre fame – e avere qualche soldo per comprarsi delle stoffe con cui cucire da sola i suoi costumi. Gli abiti da pattinaggio sono un punto dolente non meno dei suoi modi e della musica, perché rispecchiano in modo tangibile la sua irriducibilità all'eleganza raffinata che vorrebbero imporle. È proprio con i costumi che Tonya preconizza suo malgrado la dichiarazione d'intenti che, parecchi anni dopo, verrà fatta da una Lady Gaga a inizio carriera: "Voglio cambiare il mondo, una paillette alla volta". Quando Tonya incontrerà la sua vera rivale, Nancy Kerrigan, saranno infatti proprio i costumi a segnare la differenza e a decidere chi nella storia del pattinaggio americano è la protagonista e chi è destinata tragicamente a incarnarne l'antitesi.

Se Tonya sbaglia tutto quello che si può sbagliare, Nancy è infatti perfetta nell'aderire all'immagine elegante, composta e sognante della principessa pattinatrice. Non c'è tra le due una vera differenza di classe, perché anche lei proviene da una famiglia proletaria: il papà fa il saldatore e per finanziare lo sport della figlia si sobbarca anche tre lavori contemporaneamente. La differenza con Tonya è una sola, ma sostanziale: Nancy è amatissima dai genitori, che fanno di tutto per presentarla al mondo così come il mondo la vuole immaginare, una debuttante aristocratica appena uscita da un sogno in macramè. La casa di Nancy è decorosa e la sua è una povertà dignitosa e "pulita", dunque accettata e rappresentabile. Negli occhi azzurri della piccola Kerrigan c'è il sogno americano di chi può farcela anche partendo da zero. Ma partire dall'amore non è partire da zero, e se questo Nancy non può capirlo Tonya invece lo sa perfettamente.

Il cattivo odore del tessuto sintetico dei suoi costumi perfora anche lo schermo della tv: a ogni movimento le si stacca qualche paillette, cotona troppo la frangia, ha i capelli crespi e l'aria da bulla, si autoproduce pellicce con conigli direttamente spellati nel cortile di casa, mette lame dorate ai pattini, predilige colori fluo e fiocchi enormi, e il suo sorriso, sempre troppo carico di rossetto, è in realtà un ghigno stampato in viso, simile al Joker di *Batman*. Oggi quello che le venne fatto ha un nome: si chiama *bodyshaming*, ma allora era solo una colpa. Le dicono che è grassa, brutta, sbagliata, e se le altre pattinatrici hanno allenatori e nutrizionisti che le seguono, Tonya si accontenta di divorare broccoli e formaggio direttamente dalla confezione che prende nel supermercato in cui lavora. Nancy, la principessa giusta, è attentissima a non eccedere mai, usa spesso il bianco o il nero, trasmette un'immagine virginale e non arriva mai a scatenare bassi istinti: il desiderio non è contemplato nella rappresentazione che dà di sé. Veste Vera Wang – stilista ed ex pattinatrice molto amata nell'ambiente –, è magra ed elegante come un giunco e il trucco è appena accennato: dà l'idea di aver mangiato dei mirtilli, non di avere il rossetto. Il confronto è schiacciante. "Non ti possiamo dare dei voti più alti per via dei tuoi costumi" le dicono una volta i giudici dopo una gara, e Tonya dà l'unica risposta sensata che si meritano: "Datemi 5000 dollari e avrete i vostri costumi". Nessuno glieli diede mai, ma tutti continuarono invece a giudicarla perché non li indossava. Nel mondo di Tonya si prendono solo botte, a volte metaforiche e a volte no.

Il suo rapporto con la violenza è emblematico ed è inscritto nel suo DNA come un destino. Chi nasce dentro una famiglia dove si pratica la violenza negli affetti fa un'estrema fatica a non considerarla uno dei registri dell'amore. Se una madre, la persona al mondo che tutti dicono ti ami di più, ti picchia e ti aggredisce, allora anche un uomo che ti picchia lo fa perché forse ti vuole bene. E così Tonya comincia a sbagliare non solo i costumi, ma anche i fidanzati. A diciannove anni sceglie Jeff Gillooly, uno che non la farà felice nemmeno cinque minuti, e se lo sposa. Scenderà in pista anche piena di lividi, mal camuffati dal fondotinta perché vuole incarnare con ostinazione – proprio lei che è cresciuta a una supernova di distanza dall'archetipo di "normale famiglia americana" – il sogno della famiglia perfetta, un'utopia che le si accartoccia addosso, trasformandosi in incubo e autosabotandola.

La catastrofe ha inizio quando Tonya ha ventitré anni, il suo matrimonio è già in pezzi e lei si sta preparando per le Olimpiadi invernali di Lillehammer: è fuori forma, deconcentrata e teme moltissimo la rivale "Nancy la perfetta". Ripensando oggi a tutto quello che è accaduto, Tonya commenta con immutato livore: "In Oregon sono tutti idioti. Li ho delusi. Ma come puoi deludere un intero stato? Anzi, come sono riuscita a deludere un'intera nazione?". L'impresa le è riuscita in un solo pomeriggio: quello del 6 gennaio 1994.

A Detroit, sei settimane prima delle Olimpiadi, dopo una sessione di allenamenti, Nancy Kerrigan è appena uscita dalla pista. Ha ancora i pattini addosso, un completino bianco di pizzo e i capelli raccolti in una coda di cavallo che la fa sembrare una principessa Disney. Dal nulla compare un bestione sconosciuto che la prende a bastonate sul ginocchio destro e la lascia per terra in lacrime e dolorante. Le immagini della principessa Disney ferita, con il viso deformato dall'incredulità più ancora che dalla sofferenza, fanno il giro del mondo. Nancy piange a dirotto ripetendo solo "Why why why?" e viene portata via in braccio non da un principe azzurro, ma dall'allenatore. "I medici mi dissero che se fossi stata colpita poco più in basso non avrei più camminato" racconta oggi. Se la caverà con semplici contusioni e graffi sul ginocchio, niente che le impedisca di gareggiare alle Olimpiadi un mese più tardi e addirittura assicurarsi la medaglia d'argento, mentre Tonya sbaglierà tutto quello che può sbagliare e arriverà ottava, inscenando anche una pantomima in cui chiederà ai giudici di poter ripetere l'esibizione mostrando un laccio rotto dei pattini.

Ma chi è il misterioso picchiatore che ha aggredito Nancy Kerrigan? L'aggressore gigante si chiama Shane Stant e ha utilizzato un bastone di alluminio in dotazione alle forze di polizia. Quando la sua identità verrà svelata sarà un secondo collegare a lui una Banda Bassotti sgangherata e grottesca composta da Jeff, che ormai è diventato l'ex marito di Tonya (e che passerà un paio d'anni nel penitenziario dell'Oregon), la sua guardia del corpo, Shawn Eckhardt, e l'autista Derrick Smith. Un trio che più squinternato di così non si può, ma inequivocabilmente legato all'avversaria di Nancy, Tonya, l'unica che aveva qualcosa da guadagnare da un suo incidente. La vicenda è stata superbamente raccontata in *Tonya*, biopic diretto da Craig Gillespie, che ripercorre la storia dell'ex campionessa interpretata dall'attrice australiana Margot Robbie, che per il ruolo ha anche ricevuto una candidatura agli Oscar. Il premio è stato però vinto da Allison Janney, miglior attrice non protagonista nel ruolo di LaVona, la madre terribile. Anche Tonya ha visto il film su di lei, e a proposito della rappresentazione delle violenze subite, che pure nel film non mancano, ha commentato: "Quello che si vede lì non è nulla in confronto alla realtà". Su come sono andate davvero le cose nel pestaggio Kerrigan è però meglio mettersi l'anima in pace: non esistono risposte univoche, ma solo congetture, supposizioni e bugie, perché, come chiosa Tonya nel film, "non esiste una verità. Ognuno ha la sua verità e la vita fa quel cazzo che le pare". Nelle interviste reali, invece, Tonya dice un sacco di cose, spesso l'una il contrario dell'altra: afferma di aver scoperto il coinvolgimento dei suoi *beautiful freaks* solo dopo un mese, poi ammette di essere stata messa al corrente esclusivamente delle lettere minatorie spedite a Nancy, a un certo punto riconosce che sapeva i nomi di chi stava progettando l'attacco e di non averlo detto per tempo, ma assicura di non essere stata lei a decidere di farle del male. L'FBI ha effettivamente trovato nella pattumiera di Tonya un foglio su cui erano segnati luogo, orari e dettagli vari dell'allenamento di Kerrigan, ma Tonya giura e spergiura di non averlo scritto lei. Stabilire il vero grado di coinvolgimento di Harding in quel pasticcio è impossibile, ma dai pasticci comunque nessuno esce mai del tutto innocente.

Tonya non ama parlare d'innocenza o colpevolezza, perché per quanto la riguarda tutto è finito nel momento in cui ha pagato – fin troppo a sentire lei – i suoi debiti. Al processo però viene considerata complice, esclusa dalla Federazione americana di pattinaggio e squalificata a vita dalle competizioni olimpiche e nazionali, oltreché condannata a tre anni con la condizionale, multata con 110 mila dollari e cinquecento ore di servizio civile. Una pena decisamente severa, ma quella severità non deve averla sorpresa: zero sconti è la cifra che il mondo ha sempre praticato con lei. La cosa interessante è che, ancora dopo venticinque anni, quel pomeriggio sia entrato nella memoria collettiva e sia stato riscritto in base ai fantasmi di ciascuno. Se chiedi alla gente cosa si ricorda, in molti saranno pronti a giurare che è stata Tonya a dare la bastonata sul ginocchio a Nancy, perché l'immagine da *Eva contro Eva* è così convincente da costringere la memoria a riscrivere la storia per renderla più aderente a ciò che in fondo tutti vorremmo avere il coraggio di fare: prendere a bastonate chi odiamo o ciò che rappresenta un ostacolo alla nostra felicità. Tonya, che effettivamente c'entrasse qualcosa con l'attentato a Nancy o no, aveva in fondo deciso che la rivalità che viveva non poteva accontentarsi di due piroette sul ghiaccio, ma diventava un fattore esistenziale, il nutrimento di un'anima che divora tutto quello che la attrae. Gli eventi che hanno portato al tentativo di "eliminazione fisica dell'avversario" sono il frutto di una buona dose di pazzia, ma anche di un coraggio ai limiti del selvaggio. Se i cattivi delle favole servono per combattere le paure, Tonya è la cattiva che ci serve. Perché i cattivi spostano le regole del consentito e spesso finiscono fuori dai margini, dritti nei burroni come Willy il Coyote, che progetta il male di Beep-Beep e finisce sempre per ottenere rovinosamente il proprio. È da quando siamo bambini che quando queste figure si schiantano al suolo ci sentiamo un po' meno in colpa per aver tifato per loro. E possiamo, finalmente, volergli bene. Tonya Harding non è morta in un burrone, ma è come se l'avessero uccisa. Negli ultimi venticinque anni è stata la commentatrice di video di acrobazie mal riuscite per uno show televisivo, ha fatto la saldatrice, l'addetta alle vendite nel reparto ferramenta di un grande magazzino, l'imbianchina e, nel 2002, anche la pugile: il suo nome di battaglia sul ring era "Bad Girl", e che perdesse o vincesse il pubblico spesso e volentieri le sputava addosso. Cosa è rimasto della pattinatrice troppo colorata che spaccava i record della squadra olimpica? Il cocktail, certo. Ma anche un brano di Sufjan Stevens dedicato a lei in quanto "luminosa star americana". Sufjan l'ha creato e poi l'ha fatto sentire ai produttori del film, ma a Tonya non è piaciuto e Stevens l'ha quindi pubblicato per i fatti suoi, e in un lungo post ha raccontato cosa l'ha spinto a comporre il pezzo: "Provavo a scrivere una canzone su Tonya Harding fin da quando l'ho vista pattinare ai campionati americani di pattinaggio su ghiaccio nel 1991. È un soggetto complicato per una canzone, in parte perché i duri fatti della sua vita sono così strani, discutibili, eroici, senza precedenti e indelebilmente americani. Lo ammetto: le prime bozze della canzone contenevano più di qualche gioco di parole, battute e ironia su video hard e celebrity per creare un arco narrativo divertente. Ma più ci lavoravo, più ci pensavo, e più consideravo Tonya Harding nella sua interezza come persona. Così ho cominciato a sentire l'esigenza di scrivere qualcosa che avesse dignità e grazia, per respingere la ridicola spazzatura da tabloid e fare un bilancio della vera storia di questa strana e magnifica eroina americana. In fin dei conti, Tonya Harding era solo una donna ordinaria con un talento straordinario e un'instancabile etica del lavo-

ro che le faceva fare del suo meglio. Ha fatto questo e
di più. Spero che si possa dire lo stesso di tutti noi".

La macchina mediatica mangia tutti i giorni e il cla-
more intorno a Tonya si è spento negli anni poco a poco.
Quando è esploso il caso di O.J. Simpson, la ex pattinatrice ha commentato con molta saggezza: "Sapete,
è l'America, vogliono qualcuno da amare, vogliono
qualcuno da odiare". Così, il ricordo di lei è diventato un modo di dire, tanto che Barack Obama, durante uno dei discorsi della sua campagna presidenzia-
le del 2007, ha utilizzato l'espressione "Fare un tonya
harding" per indicare il concetto di segare le gambe
all'avversario. In realtà le gambe Tonya se le è sega-
te da sola, perché prima di sposarsi per la terza volta
con Joseph Jen e raddrizzare la sua vita non si è fatta mancare nulla, cadute clamorose comprese. Dal video di sesso della sua prima notte di nozze venduto a
"Penthouse" per racimolare qualche soldo, ai match
di wrestling, passando attraverso molto alcol e parec-
chie droghe, un disco dimenticabile e, di tanto in tanto,
qualche notizia strampalatissima che avrebbe dovuto
riabilitarla agli occhi del mondo, o semplicemente ri-
cordarla (dei fucili ritrovati inspiegabilmente nel suo
giardino, Tonya che salva la vita a una sconosciuta,
Tonya che viene rapita...). Ogni tanto indossa ancora i pattini, e a quarantotto anni ha una forza notevo-
le nei movimenti, che fa scomparire all'istante chiunque abbia la sventura di dividere la pista amatoriale
con lei in quel momento. Ha anche aperto un profi-

lo su Instagram – @therealtonyaharding – dove posta gattini, alberi di Natale e video di lei che balla rumbe e cha-cha-cha: ha infatti partecipato nel 2018 all'edizione americana di "Ballando con le stelle", ma è stata parecchio insultata anche lì. Non c'è nessuna foto del suo passato, solo il video del momento in cui esegue quel perfetto triplo axel, l'unica cosa perfetta della sua vita. Nel suo profilo Instagram parla spessissimo del padre, deceduto nel 2009, e lo ringrazia continuamente per esserle stato vicino quando il mondo la prendeva a calci. A lui dedica foto di tramonti e primissimi piani con gli occhi lucidi, ma non c'è nessuna traccia della terribile mamma LaVona, come non fosse mai esistita. I produttori del film hanno provato a rintracciarla prima delle riprese, ma nessuno sapeva se fosse viva o morta. Qualcuno ha detto a Tonya che LaVona viveva per strada, ma lei non ha mai voluto cercarla.

Come nei peggiori film, dopo l'uscita della pellicola LaVona è riapparsa dal nulla per materializzarsi in un programma televisivo: gli anni non l'hanno certo addolcita, e anche se non indossa più la pelliccia con tanto di pappagallo vivo sulla spalla come nel biopic, è ancora parecchio inquietante. Nell'intervista ha una coroncina di fiori finti, un abito con le maniche a sbuffo verde e non si capacita di tutto quest'odio che la figlia prova per lei, che in fondo l'ha sempre e solo "spronata", e magari sì, l'avrà picchiata una volta o due con una spazzola per capelli, ma che sarà mai.

E le bislacche menti criminali che hanno architettato l'attacco? Di loro poco è rimasto. Shawn Eckhardt ha vissuto tutta la sua vita con i genitori, fino a quando è morto nel 2007. Era convinto di essere, nella sua testa confusa, una specie di James Bond, però ha sempre ripetuto una cosa, a proposito di quel pomeriggio del 1994, che forse non era solo un vaneggiamento: diceva che Gillooly voleva proprio uccidere Nancy e che fu lui a convincerlo che un omicidio fosse un poco esagerato. Gillooly nel frattempo ha cambiato nome – oggi è Jeff Stone –, ma sembra essere riuscito a cambiare solo quello e non la pericolosità e la grettezza d'animo di un tempo. La sua seconda moglie si è suicidata in una clinica e adesso si è risposato una terza volta.

L'altra protagonista della storia, la Nancy vittima suo malgrado di quella valanga che è stata la vita di Tonya in questi venticinque anni, è diventata ricca e ha fatto un ottimo matrimonio sposando il suo agente. Ma il destino le ha riservato un piccolo passo falso che ha finalmente appannato quell'immagine da cerbiatto innocente, incantevole quanto calcolata, che con tanta cura si era costruita. Subito dopo le Olimpiadi, Nancy viene invitata (in cambio di un assegno con molti zeri) alla parata promozionale a Disney World. Accetta, ma qualcuno riesce a filmarla abbastanza da vicino perché si senta il suo dialogo con Topolino mentre dice: "Che cazzata, non ho mai fatto niente di più patetico in vita mia". Il commento viene mandato in onda e finalmente Tonya non è più la sola a pensare che Nancy fosse, sotto la maschera da brava bambina, una vera stronza. Il destino, che non ha fatto tanti sconti a Tonya, è stato grottesco anche con Nancy: il papà che la adorava nel gennaio del 2010 muore in ospedale dopo essere stato ricoverato in condizioni gravissime in seguito all'aggressione del figlio Mark, fratello di Nancy. I genitori avevano citato in giudizio il figlio (che era già finito più volte in carcere) per non aver mai restituito un mucchio di soldi che gli erano stati prestati, compresi 197 dollari di cibo per gatti. Il secondo calvario mediatico di Nancy si è svolto quindi in tribunale accanto alla madre diventata cieca nel frattempo, entrambe rivolte a dimostrare che il decesso del padre era stato causato da un infarto e non dallo scontro con il fratello. Alla fine il tutto si è risolto con una condanna di due anni e mezzo per aggressione al giovane Kerrigan, un risultato a metà che ha lasciato sul viso di Nancy un sorriso molto più spento. È ancora bella – lo si è visto nel 2017 quando ha partecipato, l'anno prima di Tonya, alla versione americana di "Ballando con le stelle" – e oggi ha tre bambini, ma il passato è stato una lezione amara, tanto che non ha voluto vedere il film: "L'ho già vissuto una volta". Tonya invece dal passato qualcosa l'ha imparato. Oggi dice di sé una cosa ovvia quanto poco praticata: "Sono diventata una signora in tutti i sensi e ho capito che, se non riesci ad amarti, nessuno lo farà". Esiste un confine tra il desiderio di essere amate e l'obbligo di essere amabili, e forse alla fine Tonya l'ha trovato.

MARINA ABRAMOVIĆ

Pronunciare il nome di Marina Abramović, come accade con gli incantesimi materici, evoca istantaneamente le immagini delle sue leggendarie performance. Non è strano: nel suo caso le due categorie – la donna e l'arte – coincidono, perché Marina appartiene a quella non numerosa famiglia di grandi artisti la cui personalità è tale da far sì che quello che sono conta più di quel che fanno. Chi ha visitato una delle mostre monografiche che le sono state dedicate può comprendere bene questo paradosso: le più famose esperienze artistiche di Abramović ripetute da performer pur ottimi e ben intenzionati non avevano neanche lontanamente la forza dei gesti, gli stessi, che erano stati suoi. La ragione di questo svuotamento di senso è che il materiale delle performance di Marina non è costituito dagli oggetti che usa, che sono molti e sempre minacciosi, né dal suo corpo, anche se viene usato come bersaglio intenzionale di ogni gesto lesivo. La materia artistica di Abramović è l'inquietudine, la sua, e nulla si capirebbe della performer e della donna se non si andasse a cercarne le radici profonde. È un viaggio lontano, nel tempo e nella geografia, in un'infanzia che è tutta ferite e limiti, a dispetto di una Iugoslavia che in quel periodo, grazie al processo di modernizzazione socialista iniziato negli anni '50, raggiungeva un benessere mai conosciuto prima. In quella Belgrado all'inizio degli anni '70 incontreremo facilmente una ragazza con una lunga treccia di capelli neri che si muove come un liquido torbido nei circuiti alternativi della città. È un'artista e le sue performance sono già famosissime, perché per farle mette a dura prova il corpo e l'anima, sottoponendosi per ore a ogni genere di agonia: si tagliuzza, si brucia e spinge il pubblico a ferirla e umiliarla. Soprattutto spinge se stessa e la propria resistenza oltre ogni limite fisico o psicologico. È piena di cicatrici e ferite, e sembra una guerriera sopravvissuta a un conflitto che forse i suoi gesti estremi stanno inconsciamente profetizzando. Quella ragazza lancinante è però anche un paradosso: quando scende dal palco deve correre a casa perché alle dieci di sera le scatta il coprifuoco, e se non arriva in tempo la madre la picchierà fino a farla sanguinare con mezzi al cui confronto le sue performance appaiono giochi di bambini timorati.

La ragazza con la treccia in quegli anni faceva cose che nessun altro osava fare e per questo anni dopo si sarebbe arrogata il diritto di definirsi "Grandmother of performance art". Ai giorni nostri però preferisce chiamarsi guerriera della performance, rivendicando l'arte come atto sostanziale di belligeranza. Il suo corpo, con cui ha frantumato schemi e convenzioni, è indubbiamente teatro di una guerra segreta e permanente, ma anche il suo primo strumento di libertà culturale e sessuale. Il suo motto parla chiaramente di contraddittorio: "Se mi dici di no è soltanto l'inizio".

Nipote di un sacerdote ortodosso poi proclamato santo, Marina nasce a Belgrado nel 1946, col dopoguerra balcanico come parco giochi. Non è una passeggiata crescere in un paese che deve ricostruirsi da capo, ma una cosa buona c'è: in Iugoslavia le donne hanno praticamente gli stessi diritti dei loro uomini. È una vittoria ottenuta nel modo peggiore: si sono infatti conquistate la parità a suon di cadute sul campo, andando in guerra a fare le soldate come i maschi e rivelandosi altrettanto determinate e precise. Sia la madre sia il padre di Marina – partigiani durante la Seconda guerra mondiale – sono militari, e lei cresce immersa in rigidi codici morali e comportamentali che le faranno da fondamenta quando dovrà imporre la disciplina più rigorosa anche alla sua arte.

L'infanzia di Abramović viaggia sul disastroso andante e alla fine tutto parte dal suo nome, incantesimo materico anche nella sua stessa vita. Suo padre ha infatti l'indelicata idea di battezzarla con lo stesso nome del suo grande amore, il che sarebbe anche molto romantico, se non fosse che purtroppo non è la donna che ha sposato e che ha messo al mondo la bambina. La Marina di cui Vojin Abramović si era infatti innamorato in trincea è un'eroina di guerra, peraltro bellissima, e lui non l'ha mai dimenticata, al punto che impone alla moglie Danica, maggiore dell'esercito in cui combatterono insieme, di dare alla figlia proprio il suo nome. La reazione più semplice per Danica è quella di odiare la bambina incolpevole sin dal primo istante. Marina cresce in un clima ostile, e dal pessimo rapporto coniugale dei genitori si difende come può: inizia a non mangiare e cerca di isolarsi da quelle furie. In seguito racconterà di pentole bollenti rovesciate sul padre che risponde ingenuamente "Sì" quando la moglie domanda: "Vuoi un po' di minestra calda?". I genitori di Marina si odiano. Dormono nello stesso letto con la pistola carica sul comodino, ma non ci pensano nemmeno per un secondo a separarsi, perché l'odio, a volte, lega assai più indissolubilmente dell'amore. Racconterà Marina, molti anni dopo: "È incredibile come la paura venga costruita dentro di te, dai tuoi genitori e dagli altri che ti circondano. Sei così innocente all'inizio e non lo sai". A lei l'innocenza dura poco. La perde mese dopo mese nel tentativo di sopravvivere a quella durezza, diventando però un compendio umano di tutti i disturbi psicosomatici d'ordinanza nei casi di contesti anaffettivi. Comincia anche ad avere continue emorragie (la sua ossessione per il plasma inizia probabilmente qui), e questo le causerà un ricovero in ospedale lungo un intero anno, che lei definirà il più felice della sua vita. La sua prima lezione di arte la riceve dal padre a soli quattordici anni: nel 1960 gli chiede di comprarle dei colori e lui si presenta a casa con un amico, un ceffo che si stende per terra e taglia davanti a lei un pezzo di tela sul quale getta colla, sabbia, bitume, colori, pietrine... Le premesse sembrano incoraggianti ma poi, dopo aver cosparso il tutto con la trementina, l'uomo lascia cadere un fiammifero al centro, facendo esplodere quel guazzabuglio e dicendole: "Ecco un tramonto". La distruzione come forma espressiva fa parte della sua stessa esperienza di vita. In quegli anni nemmeno il corpo la aiuta a sentirsi più sicura di sé nel mondo: ha il naso troppo grosso, porta scarpe ortopediche per via dei piedi piatti e ha occhiali spessissimi. Non ha ancora imparato a fare delle diversità la sua forza, ma sta imparando a violare i confini: di quando in quando gioca alla roulette russa con la pistola lasciata dai suoi sul comodino e appena può scappa a Trieste con gli amici per comprare i jeans. È con quell'imprinting che a diciannove anni, disturbatissima, si iscrive all'Accademia di belle arti di Belgrado e i suoi professori non hanno dubbi: sin da subito le dicono che è completamente pazza, che dovrebbe essere internata in manicomio e che non diventerà mai una vera artista. Marina non crede che abbiano ragione. Sa di essere più artista di tutti loro messi insieme, ma secondo regole che sono le sue e che possono riassumersi in questa sua frase: "Se prendi tutto quello che fai come una questione di vita o di morte e sei presente al cento per cento, allora le cose accadono davvero. Meno del cento per cento non è arte degna di questo nome. È molto difficile, ma è l'unico modo".

I limiti del corpo non li accetta, per lei sono sovrastati dalle possibilità della mente, e per questo durante le sue performance ricorre a qualunque estremismo: si dà fuoco, si sfregia il volto, si taglia i capelli, con un rasoio si incide sul ventre una stella a cinque punte, si fustiga e si distende su una croce composta di blocchi di ghiaccio facendosi strisciare addosso pitoni privati di cibo nelle due settimane precedenti l'esecuzione. Chi guarda è sconvolto dalla freddezza con cui la ragazza di Belgrado tratta il proprio corpo come un qualunque materiale. Perché lo fa? È lei stessa a spiegarlo quando racconta che "nella vita reale la gente va incontro a tragedie tremende, a malattie e sofferenze che portano vicino all'esperienza della morte. Queste sono situazioni che cambiano la vita. La felicità non cambia la vita di nessuno: è uno stato che non si vuole mai alterare. Ecco perché io metto in scena difficoltà e momenti pericolosi: per superarli e infine liberarmi delle paure. Come una sorta di catarsi". Più che a una catarsi, quello che Marina fa somiglia a un esorcismo, una danza con invisibili demoni che spalanca a chi osserva le porte di un inferno interiore dove c'è un girone per tutti.

Per Marina l'interazione in questo tipo di esperienze estreme comincia a diventare sempre più importante. Non le basta che la osservino mentre si spinge oltre tutti i limiti: vuole che le persone quel confine lo attraversino con lei e attraverso di lei. Per questo continua ad alzare la posta e un giorno si presenta al pubblico posando sul tavolo diversi strumenti "di piacere" e "di dolore"; agli spettatori viene detto che possono fare ciò che vogliono con lei per sei ore, durante le quali lei rimarrà totalmente immobile, inerme. Il risultato è inquietante. Le prime tre ore infatti filano tutto sommato lisce, ma basta che uno solo osi spingersi più avanti per dare la stura a ogni possibilità di eccesso: i vestiti di Marina vengono tagliuzzati con lamette e forbici, poi qualcuno inizia a fare lo stesso con la pelle del suo corpo e c'è persino chi le succhia il sangue. Da parte sua non un gesto, non uno sguardo, per difendersi. Tra i settantadue oggetti della performance c'è anche una pistola carica che le viene messa in mano e qualcuno avvicina il suo dito al grilletto, crudele evocazione del gioco che faceva da ragazzina con l'arma dei genitori. È a questo punto che il pubblico si divide tra due schieramenti: gli istigatori e i protettori. Combattono fra loro e vincono i protettori, ma se così non fosse stato Marina Abramović non si sarebbe comunque mossa di un millimetro.

L'indisciplina, intesa proprio come riottosità alle regole condivise, è uno dei tratti caratteristici di tutte le Morgane, ma questo non significa incapacità di darsi delle regole. Per Abramović è vero anzi l'esatto opposto. Maniaca del controllo – proprio come Lady Gaga, sua grande ammiratrice e amica –, usa l'arte non per esporre la sua personalità, ma per creare un vuoto, un magnetico buco nero, dove chi partecipa possa misurare i propri stessi abissi. Non vuole scandalizzare, ma scandagliare, e lavora su se stessa per sottrazione empatica: si fa catalizzatore e specchio, costringendo chiunque la guardi a tirare fuori ciò che di sublime o mostruoso prova. Offrire il suo corpo come spazio feribile, dove è possibile la lesione, fa sì che la reazione dello spettatore diventi la performance stessa, l'oggetto dell'esecuzione artistica. Le azioni di Marina permettono di pensare che tutto sia possibile, anche ucciderla, perché il suo modo di vivere l'arte – accettando aprioristicamente tutte le conseguenze su di sé – dà a te la responsabilità di fermarti o l'irresponsabilità di non fermarti mai: tutto diventa lecito, se sei tu a decidere che lo è. Naturalmente questa visione dell'espressività artistica è ai limiti del legale, quando non decisamente oltre. Per questa ragione, prima delle sue esibizioni, Abramović firma dei documenti in cui si assume la totale responsabilità delle proprie azioni. Se alla fine delle performance verrà portata via in ambulanza, questo fa parte del suo patto con l'arte.

Una volta raggiunto tale punto di consapevolezza, la carriera di un artista solitamente può considerarsi conclusa e da quel momento si sviluppa sul piano delle ascisse, non più su quello delle ordinate. Marina Abramović però è una sopravvissuta, e al rischio delle morti simboliche risponde esattamente come a quello delle morti fisiche: rinascendo verso l'alto. Ha ventinove anni quando incontra Frank Uwe Laysiepen, che si fa chiamare Ulay e che, lei lo capisce immediatamente, diventerà il suo amore più grande. Ulay è un artista che si definisce "tedesco senza Germania", è cresciuto con il senso di colpa di un padre nazista ed è diventato un uomo bellissimo, altissimo e magro, con spalle larghe e capelli tenuti mezzo lunghi e mezzo rasati, per indossare su di sé anche il concetto del femminile. È irresistibile. "Non somigliava a nessuno che avessi mai conosciuto" dice di lui Marina, che infatti lo seguirà ad Amsterdam senza nemmeno avvisare i genitori.

La madre, non vedendola tornare a casa alle dieci di sera, va alla polizia per denunciare la scomparsa della figlia. I poliziotti, credendo si tratti di una minorenne, dapprima registrano tutte le informazioni sulla ragazza: l'altezza, il colore dei suoi occhi, il peso; ma quando si sentono dire l'età – ventinove anni – strappano la segnalazione e liquidano all'istante la faccenda. Chiunque sia la donna che se n'è andata di casa, era libera di deciderlo.

Anche i genitori, nelle cui mani quella figlia ribelle era rimasta pure troppo tempo, dovranno arrendersi all'evidenza che Marina è altrove e forse lo è sempre stata. La loro reazione è quasi tenera, da terremotati della storia: il padre le chiede beni difficili da reperire in Iugoslavia, come cerotti, antibiotici, caffè, carta igienica. La madre domanda invece le cose che per lei sono di prima necessità, e cioè: il profumo Chanel n. 5, rossetti, lacca per capelli. I due soldati – rimasti in fondo reduci – davanti alla ragazzina a cui non hanno mai saputo dare nulla sanno solo chiedere.

Dal canto suo Marina fa i conti con una libertà a cui nessuno l'aveva abituata. Nelle sue performance in Iugoslavia aveva sì fatto di tutto, ma lo aveva fatto sempre ed esclusivamente prima delle dieci di sera, e ora si tratta di imparare a gestire anche la semplice risorsa del tempo. Marina lo fa come tutti quelli che credono di averne all'infinito: con la logica fecondativa dello spreco a piene mani. Appena arriva ad Amsterdam da Ulay, i due rimangono a letto per dieci giorni. Se devono separarsi, si telefonano in continuazione e lui – consapevole che quell'amore è un'opera d'arte – registra ogni conversazione, con il consenso di lei. Restano insieme dodici anni (dal 1976 al 1988), viaggiano per l'Europa su un furgone, attraversano i deserti del Sahara, del Gobi e del Thar e vivono con dei vicini di casa che difficilmente potrebbero capitare a noi: dagli aborigeni australiani ai monaci buddisti tibetani, la coppia non si fa mancare nulla.

Il loro amore diventa lo spazio per le migliori performance di Marina e spesso queste azioni artistiche hanno come teatro l'Italia: in *Relation in Space* (1976), alla Giudecca, lei e Ulay correranno nudi fino a scontrarsi, con addosso un microfono che amplifica in modo ossessivo il rumore del loro contatto carnale; in *Imponde-*

rabilia (1977), a Bologna, staranno in piedi perfettamente nudi ai lati di una stretta porticina. Chi vuole entrare in galleria deve letteralmente passare in mezzo ai loro corpi, perché quello che mettono in scena è il rischio di farsi fisicamente attraversare – loro così sufficienti a se stessi – dall'energia di qualcun altro. Gli innamorati che si guardano l'un l'altra e che vivono un'esperienza incomprensibile dall'esterno, perché essi soli ne misurano l'intensità, accettano in questo caso, in quanto artisti, di spezzarsi, di spaccarsi come una noce perché gli altri come un coltello li attraversino. C'è già l'idea del taglio, della frattura e dell'abbandono della coppia in quella performance.

La rinuncia alla propria individualità è celebrata in *Breathing In / Breathing Out* (sempre del 1977) dove, bocca a bocca e con le narici chiuse da filtri di sigaretta, l'una respira nella bocca dell'altro, in una rappresentazione tragica di cosa succede quando si dipende completamente da un'altra persona. In *Rest Energy* (1980) Marina ha i capelli cortissimi, indossa delle ballerine, una gonna a pieghe nere e una camicetta bianca. L'abito da educanda delle orsoline nasconde prevedibilmente la più estrema delle ribellioni: l'artista impugna un arco dorato dalla parte del legno, mentre da quella della corda è Ulay a tenere tesa la lunghissima freccia che punta dritta al cuore di lei. La performance dura quattro minuti e quattro secondi, durante i quali basterebbe una distrazione, un respiro sbagliato, una perdita di equilibrio o di fiducia e

Marina non avrebbe il tempo di spostarsi dalla punta della freccia, né comunque lo farebbe. La tensione della performance è sconvolgente, perché l'arma che li unisce è la stessa che li divide, metafora potentissima dei rischi di un amore totale. Marina ribalta il concetto di vittima, perché conta poco che sia Ulay a tenere la freccia: la tensione dell'arco, quindi la forza e la precisione con cui può uccidere, dipendono dal peso esercitato dal corpo di Abramović stessa, che è al contempo bersaglio e potenziale energetico del colpo. Sacrificarsi significa assumersi la responsabilità del proprio dolore, che è quello che la ragazza di Belgrado fa dal giorno stesso in cui ha deciso che essere un'artista è la sua strada. Ama così tanto quell'uomo bellissimo da non riuscire a respirare, dice; ma lui è meno famoso di lei, e, come spesso fa un uomo insicuro davanti alla sua donna più potente e forte, la tradisce. Lei, pur di non perderlo, accetta di fare l'amore con lui e la sua amante, ma l'idea non si rivela brillantissima: in quella monade non c'è posto per terze persone. È tempo di lasciarsi, perché le performance meglio riuscite sono tali se terminano nel momento esatto in cui è necessario che lo facciano.

Poiché l'addio è nel DNA di ogni "ti amo", Ulay e Marina decidono che anche la conclusione del loro rapporto amoroso va vissuta come una performance, creando il gesto artistico che forse resterà nella memoria come il più noto del loro sodalizio. Lo chiameranno *The Lovers* e consisterà in una camminata di novanta giorni sulla Grande Muraglia cinese. Partiranno dai capi opposti della Muraglia – lui dal deserto del Gobi e lei dal Mar Giallo –, e dopo un tragitto di 2500 chilometri s'incontreranno a metà strada per dirsi addio per sempre. Il loro lasciarsi si esprime attraverso un moto contrario a quello di tutti noi quando ci separiamo. Mentre noi istintivamente chiudiamo le relazioni andando in due direzioni opposte, Marina e Ulay si lasciano davvero solo quando si raggiungono come reciproca meta. Il sottinteso è quasi didascalico: quando arrivi faccia a faccia con l'oggetto amato, la tua storia d'amore è in fondo già finita e quello che stai vivendo non è un fallimento, ma un compimento. Dentro quell'azione artistica c'è l'idea dell'amore come processo, tutt'ora detonante e liberatoria.

Cosa resta in Marina di un amore come quello? Come andare oltre e restare creativa? Nel suo famoso manifesto, una vera cartina di tornasole per comprendere il suo percorso, c'è il capitolo intitolato "La vita sentimentale di un artista" e recita così:

> L'artista dovrebbe evitare di innamorarsi
> di un altro artista
> L'artista dovrebbe evitare di innamorarsi
> di un altro artista
> L'artista dovrebbe evitare di innamorarsi
> di un altro artista

Abramović lo ripete tre volte e non aggiunge altri consigli, forse perché ha provato sulla sua pelle che è l'unico ammonimento sensato da dare e da darsi, specialmente se non lo hai mai seguito. Dopo Ulay, Marina si innamora infatti nuovamente, e si sposa, con un altro artista: Paolo Canevari. Non è la furia unica del suo primo amore, ma neppure il sodalizio pacificato che ne farebbe un amore sereno. Dirà poi di lui che è "troppo giovane, troppo bello e troppo italiano per lei", ma intanto il loro amore, a intermittenza, durerà tredici anni, e quando si lasceranno lei ne farà l'occasione per una riflessione sul suo modo di stare dentro alle relazioni, drammaticamente rovinoso: "Metto continuamente sotto pressione gli amori della mia vita. Troppe richieste, troppa ossessione, troppa gelosia: una tempesta di emozioni tragicamente balcanica. Unita a un accanimento sul lavoro che nessuno riesce a reggere. Anche perché finisce per porli in secondo piano. Gli uomini mi abbandonano perché, insaziabile, pretendo tutto l'amore che non ho avuto da bambina. E perché non mollo mai: devo sempre dimostrare di vincere. Contro chissà chi".

Contro chissà chi è presto detto: Marina lotta prima di tutto contro se stessa e contro il mondo che non prevedeva la sua libertà di donna e di artista. Scandalizza raccontando di aver abortito tre volte perché per la sua carriera diventare madre sarebbe stato un disastro. "Ognuno ha un'energia limitata nel proprio corpo" racconta "e con un bambino so che avrei dovuto dividerla. Sono felice di essere libera. Secondo me c'è una ragione per la quale le donne non hanno successo in campo artistico come gli uomini. Il mondo è pieno di donne talentuose. Perché, allora, gli uomini ricoprono sempre le posizioni più importanti? È semplice. Amore, famiglia, bambini: una donna non vuole sacrificare tutto questo."

La conclusione di questo ragionamento è limpida quanto cruda: "Svegliarmi ogni mattina con milioni di idee in testa è quello che ho sempre desiderato fare. Non ho mai voluto una famiglia o qualcosa di normale: mi interessava solo creare arte. Perché alla fine sei davvero solo, qualunque cosa tu faccia". Tra le idee che Marina ha in testa c'è anche quella che nel '97 le fa vincere il Leone d'Oro alla Biennale di Venezia con *Balcan Baroque*. È in corso la sanguinosa guerra dei Balcani, quella di cui lei era stata profeticamente anticipatrice con i gesti estremi sul suo corpo negli anni del titismo. La performance la vede seduta in una cantina su un mucchio di ossa di bovino insanguinate, che spazzola compulsivamente per cercare di eliminare sangue, carne putrida e vermi. L'odore nella cantina è insopportabile, le persone che assistono alla performance sono spesso condotte via con i conati o svenute, ma Marina in un abito bianco imbrattato di sangue è l'icona perfetta della memoria di un eccidio etnico che non può essere cancellato.

Il 2010 è l'anno della celebrazione di una carriera che non si è mai fermata al successo rassicurante dei primi passi. Il MoMA di New York le offre uno spazio performativo che lei occupa con la sfinente azione artistica chiamata *The Artist Is Present*, creando un interesse mai visto prima verso l'arte moderna: i visitatori partecipano in massa, con code di chilometri e un totale di 850 mila persone che in tre mesi si metteranno pazientemente in fila per guardarsi negli occhi con lei.

Marina trascorre infatti nel museo ogni giorno sette ore. È seduta, schiena dritta, immobile, con un abito amplissimo rosso e regale (racconterà che, oltre a essere scenografico, le serviva a nascondere gli accorgimenti per espletare le funzioni fisiologiche, dal momento che non si alzava mai) e sfida chiunque lo voglia fare a sedersi di fronte a lei per guardarla negli occhi. Una cosa semplice, in apparenza, ma di enorme impatto emotivo. Per far capire cosa è davvero successo, ecco il suo racconto a proposito della performance: "Perdiamo sempre troppe energie a parlare senza dire nulla di importante. Spesso parlare ci allontana, ci difende dallo stare semplicemente con noi stessi. Quando rimango in silenzio di fronte a una persona a me completamente estranea e comincio a guardare nei suoi occhi è come aprire una porta su un'altra realtà. Al MoMA, un giorno, ci fu un uomo che rimase così sette ore. Cominciammo a sederci l'uno di fronte all'altra la mattina e finimmo la sera, senza mai scambiare una parola. Dopo quell'incontro, ne avemmo altri venti. Di volta in volta, si tatuò sul braccio ventun numeri, come una traccia della sua performance. Senza sapere nulla di lui, ho cominciato a guardare quell'uomo e a conoscerlo in un modo così intimo che non mi sembrava di aver mai compreso tanto nemmeno un membro della mia famiglia. Dopo che la performance terminò, ovviamente, lo incontrai. Fu la cosa più difficile al mondo parlargli senza poter cominciare la conversazione con domande del tipo 'Chi sei?' o 'Come stai?'. A tutti gli effetti quell'uomo era un completo estraneo eppure, per quel che era intercorso, lui, per me, non lo era affatto".

Tra le 850 mila persone, a un certo punto, si mette in fila anche il suo grande amore Ulay. La vulgata sostiene che non si vedano da più di vent'anni. Lei lo guarda negli occhi, si commuove, gli stringe le mani, poi lui se ne va e la performance continua. Di quell'azione artistica paradossalmente rimarrà soprattutto quell'immagine, e quanto sia vera o falsa nella sua realtà non ha molta importanza: la performance, come lei stessa ci ha insegnato, appartiene a una verità superiore e la realtà non la interpreta, la crea. Sembravano aver siglato un "... e vissero felici e contenti", ma quello che succede dopo la commovente stretta di mano è meno poetico: Ulay denuncerà Marina per la vendita di alcune opere che in realtà appartenevano a entrambi, e nel 2016, al termine di efferate battaglie legali, il giudice darà ragione a Ulay, costringendo Marina a rimborsargli 250 mila euro. Eppure è stata lei, non lui, a dominare il mondo dell'arte e a rifondarne l'immaginario popolare. Lui senza di lei riprenderà a fotografare e a raccontare le vicende della sua vita (tra cui un cancro e la chemioterapia con cui ne è uscito), ma di fatto non ne sapremo più niente, perché è come se Marina staccasse la spina quando si separa dai suoi amori, e loro di riflesso perdessero l'alimentazione, la luce che li aveva illuminati. A poco a poco i loro nomi diventano più sottili. L'intelligenza artistica di Marina ne fa una stella dalla luce abbagliante e ci vuole una personalità altrettanto forte per non finire inghiottiti dal buio che si crea intorno.

L'hanno definita in mille modi: presuntuosa, masochista, santa da venerare, sciamana, strega e, già che ci siamo, anche cuoca satanica. Quello che Marina fa, comunque, è sempre spingere le cose oltre, in un territorio capovolto dove il dolore da punizione diventa purificazione. La sua arte, nel cercare di avere la meglio sulle esigenze del corpo, tenta in fondo di fare ciò che le streghe fanno da secoli: trascendere il tempo. In parte è riuscito anche a lei: a oltre settant'anni, il suo viso dimostra almeno un paio di decadi in meno della sua età biologica. Il merito, lei dice, è dei ritiri spirituali lunghi un mese che fa in India una o due volte l'anno, digiunando per più giorni di fila. I maligni dicono che "più che il digiuno poté il botox", ma ogni strega che si rispetti ha i suoi incantesimi e Marina ne ha fatti troppi per noi per andare a investigarla su quelli che riserva a sé. A proposito del tempo che passa, dice: "Non ho mai assunto droghe, bevuto alcol o fumato in vita mia, ho soltanto una dipendenza dalla cioccolata. La cosa importante è pensare il proprio corpo come una casa dove lo spirito vive; e questa casa dev'essere pulita. Anche se nello spirito non invecchi, il tuo corpo invecchia e lo devi accettare. Negli Stati Uniti nessuno parla della propria età e soprattutto non si festeggiano i compleanni dopo i trent'anni. Accettare la propria età significa anche accettare la propria morte. Tutti noi ogni giorno moriamo un poco e quindi ci serve diventare amici della morte, è molto importante. Molti dei miei lavori parlano di questo. Dico sempre che bisogna imparare a morire, senza rabbia o paura e con coscienza".

A dispetto di queste affermazioni, lei alla morte ci pensa pochissimo e racconta di aver iniziato a divertirsi a settant'anni. Al momento – sostiene – vuole soltanto essere esilarante e imparare a raccontare barzellette, ma facciamo un po' fatica a immaginarcela alle prese con freddure varie. Se qualcuno le chiede dei suoi progetti futuri, risponde: "Ho molto lavoro, sarò occupata fino al 2052", contando quindi di continuare con la sua arte almeno fino ai centosei anni. Sapendo con chi si ha a che fare, non sembra un calcolo implausibile, perché Marina resta comunque una donna del futuro, non del passato. Di ciò che è trascorso non si cura, non è nostalgica, e questa è la chiave della sua sopravvivenza. A New York, dove adesso vive, ha lasciato segni di un'eredità a sua misura, aprendo il Marina Abramović Institute, un'accademia in cui, se vuoi entrare, devi attenerti a discipline severissime, come essere capaci di digiunare per cinque giorni. Se l'ha fatto la maestra, agli allievi non si può chiedere niente di meno. A chi le domanda se non preferirebbe vivere in un posto tranquillo e isolato, per creare, magari in campagna, risponde: "Vivere in un posto dove non esistono problemi, in mezzo alla natura, vuol dire vivere in uno stato di sonno, ma se vivi in posti difficili allora puoi portare qualcosa". Una cosa che la terrorizza, però, ce l'ha anche lei: ha paura degli squali. Per il resto, aggiunge, "Il mio motto è: fallo e basta. È estremamente importante uscire dalla propria *comfort zone*, per conoscersi fino in fondo. Il fatto è che io ho voluto anche essere di ispirazione agli altri. Volevo far capire che, se posso farlo io, lo puoi fare anche tu. E lo volevo dire soprattutto alle donne: smettila di sentirti in colpa, cosa che noi donne facciamo così bene. Smettila di fare la vittima".

Femminista non è una parola che le appartiene, ma non è importante: la sua azione ha spostato in avanti la linea dell'orizzonte per tutte le donne che cercano un cammino di emancipazione. A lei interessava solo segnare nel proprio corpo il proprio tempo, ma nel suo presente viviamo tutte noi. "Il tempo non esiste se non nel passato e nel futuro, ma se vivi il presente non c'è. La mia vita è il momento senza tempo, e più una performance è lunga più diventa realtà che scorre." Se la prospettiva è questa, allora anche la morte va pensata come permanenza, e non è strano che Abramović abbia progettato come ultima performance proprio il suo funerale. Non sappiamo chi potrà mangiare una fetta della torta con la forma del suo corpo a grandezza naturale che ha deciso debba essere distribuita ai convenuti, né chi sbircerà nelle tre bare che verranno spedite nelle tre città che hanno scandito la sua vita (Belgrado, Amsterdam e New York). Nessuno saprà mai in quale di esse si troverà il corpo di Marina, perché l'artista e la sua arte, nelle geografie dove tutti gli altri hanno un indirizzo statico, sono sempre altro, altrove.

SHIRLEY TEMPLE

Dei bambini non si sa niente eppure si crede di sapere molto, perché è molto quello che di noi proiettiamo su di loro. Ai piccoli diamo infatti spesso il compito di portare il peso della nostra innocenza perduta, della capacità di sorprenderci che non abbiamo più, della fiducia che ci è stata tradita o che abbiamo tradito noi e soprattutto della verginità del cuore, l'attitudine a stare dritti davanti al mondo senza finzione, autenticamente se stessi. Quando guardiamo i bambini rivive in noi lo sguardo colonialista e illusorio di Rousseau verso il buon selvaggio, l'idea che l'infanzia ancora non domata dalla socializzazione sia il luogo di una verità più alta e pura, libera dalle maschere necessarie a sopravvivere nella giungla umana. La letteratura, specialmente negli ultimi cinquant'anni, ha provato molte volte a dire che i bambini non sono piccoli angeli non ancora corrotti. Da *Il Signore delle*

Mosche di William Golding a *Un ragazzo sveglio* di Stephen King, gli scrittori contemporanei hanno sempre considerato i più piccoli come creature pienamente umane e ci hanno invitati a non sottovalutarli mai: basta un attimo perché l'innocenza presunta lasci il posto alla crudeltà più efferata. Peccato che, da quando il grande schermo ha preso il posto della piccola pagina nel formare l'immaginario collettivo, nessuna letteratura abbia più potuto competere con il cinema, che dagli anni '30 è divenuto dominante nel fabbricare le finzioni di massa. In quegli anni al cinema i bambini non erano mai rappresentati come esseri umani con istinti, sogni, generosità e ferocie in ugual misura, ma creature idealizzate nelle quali purezza faceva rima con dolcezza e il cui cuore trasudava candore anche nella più studiata delle monellerie. Le pellicole con protagonisti bambini sono molte e tutte di grandissimo successo (*Le simpatiche canaglie*, con i suoi bambini già bianchi e neri, e *Tempi moderni*, per citarne solo alcune delle prime), ma la bambina che meglio incarna l'icona dell'infanzia innocente ha i riccioli d'oro, le gambette svelte nel ballo e si chiama Shirley Temple. Nessuno di coloro che la veneravano nei cinema poteva – né del resto voleva – immaginare che già a cinque anni quella bambina fosse in grado di parlare con un regista e chiedergli con tutta la professionalità del mondo: "Quando piango, vuoi che le lacrime mi righino tutto il viso o si fermino a metà guancia?". Non è difficile immaginare l'uomo improvvisamente impaurito dal retrogusto cinico di quella richiesta, nel rendersi conto che quell'esserino ancora in età prescolare era in realtà la creatura più secolare, coriacea e spaventosa che gli fosse mai capitata davanti.

È Morgana sin da piccola la monumentale Shirley, sin da quando nasce il 23 aprile del 1928 a Santa Monica, in California, prima figlia femmina di George Temple, un bancario, e di sua moglie Gertrude. La madre è un'ambiziosa signora dai sogni frustrati che non esita, come Anna Magnani in *Bellissima*, a proiettare sulla bambina le sue più grandi speranze di riscatto. Già a tre anni la piccola, volente o nolente, sgambetta e prende lezioni di danza alla Meglin's Dance School di Los Angeles e come in tutte le mitologie anche la sua storia ha un inizio aneddotico. Si narra infatti che un giorno arrivi in visita nella sua scuola un responsabile della Educational Pictures e lei prenda paura, chissà perché, facendo delle gambe del pianoforte un nascondiglio da cui verrà miracolosamente stanata e scelta per un'audizione. C'è il gusto della predestinazione in questo episodio e i fatti successivi non lo smentiscono: a quattro anni Shirley debutterà sul grande schermo, rivelando un talento mostruoso in tutti i sensi possibili. Per i genitori è una gallina dalle uova d'oro. Saranno loro a firmare con l'agenzia un contratto di due anni durante i quali Shirley, anziché giocare e crescere con le coetanee, girerà ventisei brevi film, compresi quelli della serie "Baby Burlesks", che lei stessa descriverà poi come "uno sfruttamento cinico della nostra innocenza infantile, che occasionalmente fu anche razzista e sessista". Shirley e gli altri bambini in questi film ballano e cantano spesso seminudi, coperti solo con buffi pannoloni e giarrettiere per le femmine, o cappellini militari per i maschi. Altre volte sono vestiti come i grandi in inquietanti scimmiottature, ed è proprio Shirley a incarnarne una delle più discutibili: la minuscola e ammiccante femme fatale in crinoline che gioca con adulti maschi, seduta maliziosamente sulle loro ginocchia.

Dire che l'Educational Pictures pratica lo sfruttamento dell'infanzia è a dir poco eufemistico. Le prove per i film durano almeno un paio di settimane e non sono retribuite, mentre i film vengono realizzati in tempi record – anche due giorni – per abbattere i costi di produzione. Se qualche attore bambino fa i capricci, finisce immerso nel "punishment box", la famigerata scatola delle punizioni che consiste in un recipiente contenente un enorme blocco di ghiaccio, evidentemente ritenuto utile per "rinfrescare le idee" ai piccoli attori riottosi. Shirley ci finirà spesso perché si lamenta: la costringono infatti a ballare con la febbre o con i piedi feriti per le troppe ore sulle punte. I genitori non indagano un granché sui racconti della figlia, perché certe cose è meglio non vederle quando una bambina di quattro anni quadruplica bruscamente il reddito della famiglia. Fare a meno di quei soldi non sarebbe pensabile, e questo imporrà di chiudere un occhio, e a volte tutti e due, sui metodi non proprio ortodossi applicati dalla casa di produzione sui bambini. La madre è assai più preoccupata a trovare per lei il look perfetto, perché Shirley ha capelli scuri e lisci, e al cinema funzionano poco, non bucano lo schermo. Senza il più piccolo scrupolo Gertrude trasforma sua figlia in una biondissima e boccoluta miniatura dell'attrice del cinema muto Mary Pickford. Prima la tinge di platino e poi ogni santa mattina divide i suoi capelli in cinquantasei boccoli perfetti, creando la maschera dell'enfant prodige più famosa di Hollywood. Senza che nessuno le chieda mai cosa ne pensa, Shirley Temple verrà plasmata per incarnare un'infanzia finta pensata da adulti che i bambini veri, nel profondo, li detestano.

A un certo punto, la Educational Pictures, la ferale fabbrica dei bambini di finzione, finisce in bancarotta e fallisce, ma il padre di Shirley non ha alcuna intenzione di affondare con tutta la baracca. Sa che quella bambina rappresenta una fortuna, ma è anche consapevole che quel tesoro ha un valore inversamente proporzionale al tempo che passa e va subito capitalizzato. Alla fine del 1933, mentre milioni di persone perdevano il lavoro in tutti gli Stati Uniti a causa della Grande Depressione, alla porta dei Temple busserà la casa di produzione Fox, mettendo sul tavolo un'offerta talmente generosa che i sogni di gloria e ricchezza dei genitori di Shirley cominceranno a prendere finalmente la forma delle certezze. Nel 1934 Shirley reciterà nel film strappalacrime *La mascotte dell'aeroporto*, ottenendo un successo così mastodontico da salvare la Fox dalla bancarotta e farsi conferire il primo Oscar giovanile, un premio inventato appositamente per lei. Il suo compenso, in anni in cui l'intero Nordamerica faceva la fame, arrivava a 1250 dollari alla settimana, e la sua faccina furba dava lavoro anche a mamma Gertrude, che per realizzare la pettinatura inventata per la figlia prendeva come parrucchiera di scena una paga settimanale di 150 dollari.

I registi della Fox capiscono di avere fra le mani una macchina da guerra e Shirley stessa, da tempo priva di quell'innocenza che ne faceva una bambola in mano agli adulti, a sei anni è già talmente navigata ed esperta che è meglio non imbrigliarla troppo. Sul set la lasciano spesso improvvisare e non di rado costruiscono le trame intorno alle sue intuizioni. Sono anni in cui il suo mito va molto oltre i pur ampi margini dello schermo su cui la fanno giganteggiare. Shirley è un'icona, invade i costumi e diventa l'emblema del New Deal rooseveltiano. Sarà lo stesso presidente degli Stati Uniti a dire: "Finché il nostro paese avrà Shirley Temple, noi staremo bene. È meraviglioso che per pochi centesimi ogni americano possa entrare in un cinema e vedere il sorriso di una bimba che gli ridarà la forza di andare avanti". Shirley come consolazione dei poveri, Riccioli d'oro come sorriso surrogato per un paese che non riesce a sorridere più. I bambini americani che si incontrano per strada in quel periodo hanno visi molto diversi da quelli della piccola Temple:

magri e sporchi su corpi rachitici, sono nascosti dalla sagoma gigantesca della bambina-bambola che deve compensare la realtà, edulcorandola e rendendola presentabile dentro e fuori i confini del paese. Attraverso Hollywood Shirley diventa infatti un mito planetario, recitando con stelle del calibro di Cary Grant, Joan Crawford, Ronald Reagan, John Wayne e Gary Cooper, il quale incontrandola sul set le chiederà l'autografo. Molti di loro racconteranno di come in realtà il piccolo angelo dello schermo sia una bambina pestifera, per niente innocente e molto ambiziosa, ma Shirley, sopravvissuta alla dura scuola del blocco di ghiaccio nella scatola delle punizioni, da tempo non si cura di quel che gli adulti pensano di lei. Nel 1939 con quella stessa tempra camminerà sicura come una diva verso Walt Disney sul palcoscenico degli Oscar, consegnandogli il premio per *Biancaneve* in un'edizione speciale accompagnata da un mini Oscar per ciascun nano.

Sono gli anni d'oro per Riccioli d'oro, ma sono pochissimi anni, al termine dei quali il curriculum d'attrice di Shirley conterà quarantatré pellicole, di cui quaranta girate prima dei dodici anni. I suoi film sono l'emblema dell'ottimismo per una nazione che è in ginocchio: la Fox la fa recitare solo in storie dove è povera, orfana di almeno un genitore e nonostante le infinite disgrazie riesce sempre a vedere il lato positivo. Gli spettatori, lungi dall'essere snervati da quel paternalismo, se ne sentono anzi confortati. Shirley è l'America innocente delle sue sventure, l'orfanella, la contadinella, la principessa franata nei guai capace di trionfare su qualsiasi avversità cantando. Le sue canzoni, non solo i suoi film, diventeranno successi radiofonici che raccontano di leccalecca giganti e biscotti a forma di animale che saltano nella sua zuppa. Con le sue scarpette da tip-tap Shirley supererà la fama di Ginger Rogers e metterà in scena balletti che, se oggi fanno rabbrividire per il razzismo nemmeno troppo velato (Toni Morrison, premio Nobel per la letteratura, si è scagliata contro quei film), all'epoca risultano quasi progressisti. In una famosa scenetta Shirley balla dando la mano a Bill Robinson, uno dei più grandi ballerini neri di tutti i tempi, e il film viene addirittura boicottato in alcuni stati del Sud, che ritengono inaccettabile il contatto tra un nero e una bambina bianca. Per quattro anni consecutivi Temple sarà in cima alla classifica delle star più pagate di Hollywood e il suo cachet toccherà la cifra siderale di 20 mila dollari alla settimana, più di quello che prendeva Greta Garbo. A otto anni, milionaria, vive con la famiglia in una villa a Beverly Hills, ma il prezzo di quella ricchezza è pagato in modi difficili da spiegare. A chi può raccontare Shirley del giorno in cui ai grandi magazzini ha smesso di credere a Babbo Natale perché lui le ha chiesto l'autografo?

Oggi siamo abituate al merchandising di gadget che accompagna ogni uscita dei film di cassetta, ma è lei la prima per la quale viene creato quel tipo di oggetti di culto. Insieme alle storie dei suoi film viaggiano braccialetti, fermacapelli, dischi, tazze e persino il cocktail analcolico che porta il suo nome, a base di ginger ale e granatina, inventato per lei da un barista di Waikiki, nelle Hawaii, durante un suo viaggio. Ma l'apice di quel commercio parallelo intorno alla sua immagine è rappresentato dalle bambole Shirley, una riproduzione così fedele che ha persino il suo stesso numero di boccoli. Le Shirley sono acquistabili in due altezze differenti – più soldi hai e più puoi avvicinarti a una Shirley a grandezza naturale – e hanno un corredo di vestiti identici a quelli utilizzati da lei sul set. Accade però un fatto emblematico: i creatori delle Shirley incappano nell'errore di mettere in commercio bambole Shirley dai grandissimi occhi azzurri, benché lei in realtà li abbia marroni. Quell'ennesimo e involontario inganno estetico ha qualcosa di mostruoso, perché rivela un immaginario da fiaba ariana, in cui la bambina dei sogni, se ha boccoli biondi, deve avere anche gli occhi azzurri. Oggi gli esemplari di quella prima emissione sul mercato del collezionismo valgono moltissimo e sono introvabili; bisogna accontentarsi delle pur poche Shirley con gli occhi marroni, che si portano a casa per qualche migliaio di euro.

Non tutti gli sguardi sono però così benevolmente edulcorati sulla piccola Temple. Già nel 1939 Salvador Dalí la rappresenta come una sfinge nel quadro *Shirley Temple, il più giovane mostro sacro del cinema contemporaneo*. La parola chiave del titolo dell'opera è proprio mostro. L'undicenne americana ha il corpo di una leonessa, rossissimo, con un gran seno e degli enormi artigli. Il viso è proprio quello di Shirley con i suoi cinquantasei boccoli biondi, ma attorno alla chimera sono raffigurati scheletri umani e altre ossa, forse i resti del suo ultimo pasto. Dalí denuncia la mostruosità di quello che Hollywood genera forzando l'immaginario, ma intanto nel mondo continuano a spuntare come funghi migliaia di fan club dedicati a Temple. Tra gli iscritti al club polacco c'è anche Andy Warhol bambino, che nella sua stanzetta appende, vicino al crocefisso, un collage di ritratti di Shirley, precursore di quelle che diventeranno le sue celebri serigrafie.

L'accostamento tra Shirley e Gesù – cioè tra l'infanzia e il divino – può sembrare blasfemo, ma è molto più ovvio di quanto si possa intuire a prima vista. L'America WASP – quella bianca, anglosassone e protestante – è intrisa di simbolismo religioso cristiano tanto quanto l'Europa, ma più ancora del vecchio continente vive delle sue derive culturali, quasi mai fedeli al Vangelo. Una di queste derive è l'infantilizzazione delle figure divine e la parallela divinizzazione della condizione infantile, che non ha paragoni in altre fedi. La frase di Gesù "Se non diventerete come bambini non entrerete nel regno dei cieli" (*Mt* 18,1-5, forse una delle più fraintese dell'intero Vangelo) ha portato per secoli i predicatori a identificare nell'età infantile qualcosa di simile allo stato dei progenitori nell'Eden prima della caduta, un'innocenza da ignoranza considerata

la condizione umana più vicina all'immagine di Dio.
L'infantilizzazione della divinità ha interessato prima
di tutto Cristo stesso. Se infatti è vero che della sua
infanzia nei Vangeli canonici non è raccontato niente,
questo non ha impedito che a Gesù Bambino venisse-
ro comunque intitolati chiese, ospedali e pratiche devozionali. Tra i cattolici di entrambi i lati dell'oceano
è diffuso anche il culto di Maria Bambina, un'osser-
vanza spirituale radicatissima a dispetto della totale
assenza di riscontro biblico. L'arte cinquecentesca, ca-
techismo degli analfabeti di tutta Europa, aveva già
ampiamente contribuito a intenerire e infantilizzare
le figure spirituali del cristianesimo, attraverso decine di dipinti che raffigurano il piccolo Gesù che gioca con suo cugino Giovanni, a sua volta pittato come
bimbo. Intorno a questi protagonisti regrediti si schie-
ra tutto il corredo dei puttini, una categoria di angeli di pura invenzione disegnati o scolpiti in forma di
bambini nudi, alati, boccoluti e biondi. In tale sostra-
to Shirley Temple si inserisce come un'impenetrabi-
le icona profana (la Sfinge di Dalí), ma anche come
proiezione misteriosamente spirituale. Dagli scaffali
dei negozi di giocattoli alle rivendite di immagini sacre, in fondo Gesù e Shirley condividono un analogo
percorso di arianizzazione estetica, con i capelli dive-
nuti in entrambi da bruni a biondi e gli occhi mutati
da marroni ad azzurri.

Chi può dunque fermare quella creatura che si presenta spaventosa e adorabile nella stessa misura? Shir-

ley ha un solo vero nemico, il tempo, ma è un antagonista imbattibile.

In fondo, se ci pensiamo, una sola cosa non si perdona ai bambini prodigio: crescere. James Matthew Bar-
rie, in *Peter Pan*, individua nel compimento dei due
anni di età – quando sai parlare e nominare le cose –
"il principio della fine", la perdita dell'innocenza naturale e l'inizio della consapevolezza culturale. Peter Pan sceglie di rimanere "imprigionato nell'abisso
dell'uomo che non vuole diventare e del ragazzo che
non può continuare a essere", ma gli altri bambini,
quelli che non vivono nelle fiabe, crescono e inevitabil-
mente cambiano. Man mano che diventano più simili
a noi non possiamo più credere a ciò che rappresenta-
vano e così li dimentichiamo, chiamando bambini cre-
sciuti quelli che in realtà sono bambini perduti. Shirley nella storia della narrazione moderna è la prima
bambina prodigio costretta a guardarsi cambiare e nel
farlo non ha alcun modello: come tutti gli archetipi, il
modello diventa lei.

Tuttavia a ingannare il tempo ci proverà lo stesso, spostando la data del suo certificato di nascita in
avanti, dal 1928 al 1929, dodici mesi che nel conto economico di quella bambina e dei suoi genitori signifi-
cano tantissimo. Nel 1935 Shirley incide una canzon-
cina tutta allegra, che s'intitola *When I grow up* e suona
profeticamente sinistra. "When I grow up, in a year
or two or three, I'll be happy as can be like a birdie
in a tree", cioè: "Quando sarò grande, in un anno, o

due o tre, sarò felice come un uccellino sul suo albero". Purtroppo le cose non andranno in quel modo. Shirley crescendo non sarà felice su alcun albero e lo sa, tanto che, ancora piccolissima, aveva già la lucidità di dire: "Il tempo è denaro. Tempo sprecato significa denaro sprecato, e quindi guai". I guai però arrivano nella sua vita ben prima che i soldi comincino a diventare un problema, e la causa scatenante è proprio il fatto che il piccolo angelo sembra sempre meno un'innocente bambina. Puoi ingannare l'anagrafe per un po', ma lo specchio non mente, e per quanto quella data di nascita venga spostata Shirley continua a crescere. L'istinto di protezione che ispira negli uomini lascia il posto alle prime, pesantissime critiche: in molti la accusano di "incitamento alla pedofilia a causa della leziosità dei suoi ammiccamenti". Il più esplicito è lo scrittore Graham Greene, che già nel 1937, dalle colonne della rivista "Night and Day", si esprime senza mezzi termini: "Il caso della signorina Temple è d'interesse peculiare: per lei l'infanzia è solo un travestimento, il suo appeal è più segreto e più adulto. In *Capitan Gennaio* indossa i pantaloni con la matura coscienza di una Dietrich: il culetto elegante e già ben sviluppato si dimena nel tip-tap. Adesso, in *Alle frontiere dell'India*, con quel gonnellino corto, è davvero uno schianto! Guardatela mentre corre tra le baracche indiane; ascoltate l'affannoso respiro di eccitazione dei suoi attempati spettatori quando il sergente la solleva in alto; osservate con che disinvoltura professionale squadra un uomo, con fossettine di depravazione. Sentimenti d'amore e di passioni adulte filtrano attraverso la maschera dell'infanzia, un'infanzia che è soltanto un velo... Se i suoi ammiratori – signori di mezza età ed ecclesiastici – soggiacciono alla sua ambigua civetteria e alla vista del suo corpicino ben fatto e desiderabile, che trabocca di una smisurata vitalità, è solo perché la storia e la sceneggiatura alzano una barriera di sicurezza tra la loro ragione e il loro desiderio".

Non è la prima volta che Greene scrive di Shirley alludendo alla precoce sessualizzazione della bambina, ma in quell'occasione le sue parole fanno scoppiare lo scandalo. La madre di Shirley e la casa produttrice lo denunciano per diffamazione e perversione, la rivista per cui ha pubblicato la recensione chiude e per non finire in carcere lui sarà costretto a fuggire in Messico; ma ormai tutti sanno che il re è nudo e Shirley inizia a essere guardata con altri occhi. Vladimir Nabokov, per esempio, all'indomani dell'uscita di *Lolita*, farà notare sarcasticamente che lui e la Temple condividono lo stesso giorno di nascita. Fruttero & Lucentini, in un articolo dal titolo *Heil Shirley!*, con il loro garbo torinese paragoneranno l'ascesa della Temple a quella dei grandi dittatori, scrivendo: "Non c'è un rapporto diretto e dimostrabile tra Shirley Temple e Adolf Hitler, tra i riccioli d'oro e le camere a gas. Ma gli anni sono pur quelli e l'occhio del postero distingue ormai senza sforzo dietro il mostruoso dittatore urlante la mostruosa frugoletta che canta le sue canzoncine. Piacevano, piacevano entrambi, piacevano irrazionalmente, cultisticamente, totalmente. Entrambi pescavano in quella cupa palude dove la massima sdolcinatezza confina con la massima ferocia, e forse la provoca". Shirley Lolita, Shirley inquietante maschera ariana, Shirley che cresce e diventa imperdonabile, perché i suoi undici anni, pochi per farla considerare già una donna, sono però troppi per essere considerata ancora una bambina. Così comincia l'inevitabile, rapidissimo declino.

Già nel 1939 il film *La piccola principessa*, girato in Technicolor con gran dispendio di risorse, non va come tutti si aspettano, fermandosi per la prima volta a un modesto sesto posto in classifica. L'anno successivo Shirley, che a quel punto ha dodici anni, gira con la Fox un ultimo film dal titolo tristemente perentorio: *Non siamo più bambini*. Non è nemmeno una storia, ma un collage di spezzoni delle sue pellicole più famose, alla fine del quale Shirley saluta simbolicamente il pubblico "ringraziandolo per i molti momenti felici vissuti insieme". Subito dopo, l'azienda rescinde il contratto. Il passaggio alla Metro Goldwin Meyer non argina l'insuccesso e in aggiunta la espone a situazioni in cui in passato, protetta dalla giovanissima età, non si era mai trovata. Sarà lei stessa a raccontare di un produttore il quale, al loro primo incontro, si era slacciato i pantaloni davanti a lei dodicenne, che – ignara di cosa fosse quello che si era trovata davanti – era scoppiata a ridere per la paura. Il produttore la sbatté fuori dall'ufficio come se fosse un'inutile e sciocca attricetta. Ripensando a quel periodo, Shirley dirà: "Non sono mai stata così vecchia come a quattordici anni. Da allora non ho fatto altro che ringiovanire".

Seguono pochi, sporadici film, e parecchi fiaschi. In *Miss Annie Rooney* la trama prevede che s'innamori per la prima volta e la pubblicità strilla "Il primo film in cui Shirley Temple bacia un ragazzo!". Ma neanche questo riesce a far funzionare il film, che viene ritirato dalle sale poco dopo. Ci vuole una forza titanica per uscire da questa gabbia e diventare se stesse, e Shirley, per fortuna, quella forza ce l'ha. Se la sua musa ispiratrice Mary Pickford aveva barato per anni sull'età, camuffando la crescita grazie a sedie e suppellettili giganti che le permettevano di "rimanere piccola", Shirley non cerca di cristallizzare la bambina che le hanno costruito addosso; preferisce piuttosto uscire dallo schermo ed entrare nell'età adulta. Lo fa come si faceva negli anni '40: sposandosi precocemente. Davanti all'altare ha diciassette anni, ma sono già abbastanza per capire di aver commesso un errore clamoroso. Il marito, John Agar, è un attore di sette anni più grande di lei, parecchio inguaiato con l'alcol e per niente amorevole. Nasce la figlia, Linda Susan, ma il matrimonio è uno schifo. Dopo alcune timide e sporadiche apparizioni (come nel *Massacro di Fort Apache* di John Ford), Shirley abbandona le scene nel 1949, chiede il divorzio per crudeltà nel 1950, e si risposa subito dopo con Charles Black, un importante uomo d'affari che non ha mai visto un suo film ed è dunque il candidato ideale per diventare il suo secondo marito. Il loro primo incontro, Shirley lo ricorda così: "Quando mi fu presentato mi domandò: Che cosa fate di bello, siete una segretaria? Risposi che non sapevo neanche battere a macchina e che invece facevo film". Starà con lui fino alla morte di Charles, insieme avranno due figli e Shirley entrerà in politica. Nonostante l'addio al cinema, Riccioli d'oro è così presente nella memoria collettiva da rispuntare continuamente in modi inaspettati. Per esempio quando, nel '67, esce l'album dei Beatles *Sgt. Pepper's Lonely Hearts Club Band*, è l'unico personaggio ad apparire per ben due volte: come sagoma di cartone accanto a George Harrison e come bambola con tanto di t-shirt che recita: "Welcome the Rolling Stones". Nel frattempo Richard Nixon chiede a Shirley Temple di candidarsi al Congresso degli Stati Uniti per il Partito repubblicano e lei diventa rappresentante degli USA all'ONU dal 1969 al 1970. Nel 1974, il neoeletto presidente degli Stati Uniti Gerald Ford la designa ambasciatrice in Ghana: ovviamente la carica genera un sacco di malcontento negli ambienti diplomatici, perché Shirley viene bollata come "poco qualificata", un'accusa che alle donne in politica viene rivolta anche quando qualificate lo sono eccome. Shirley, che a cinque anni salvava una casa cinematografica dalla bancarotta, non si lascia intimorire e se la cava egregiamente anche come ambasciatrice, mettendo a tacere le malelingue in modo così convincente che l'incarico le viene confermato per tre anni e farà sì che venga richiamata da Bush senior nell'89 – il periodo più complicato della guerra fredda – come ambasciatrice in Cecoslovacchia per altri quattro anni. Racconterà: "Sono diventata attrice d'istinto. La politica e la diplomazia invece le ho studiate in lunghi anni, con impegno, con fatica. Per questo mi inorgoglisce più quello che ho realizzato nella mia maturità, come deputato e ambasciatrice, di quello che ho fatto a Hollywood. Ho saputo maturare e penso che continuerò anche a saper invecchiare dignitosamente". Shirley siede anche nel consiglio d'amministrazione di società, istituzioni e imprese come la Walt Disney e la Bank of America, in più di un caso come azionista di riferimento. Nel 1972 fa un'altra cosa inedita: quando le viene diagnosticato un cancro al seno, lei sceglie di raccontare pubblicamente la sua battaglia. Shirley Temple è stata la prima persona a dire in un programma televisivo due parole che mai le donne avevano avuto il coraggio di pronunciare pubblicamente: "cancro" e "seno", spazzando via con un sorriso il senso di vergogna e di pudore, e facendo sentire infinitamente meno sole tutte quelle donne che, come lei, lottavano con la chemioterapia sudando in brutte parrucche e parecchio dolore. Il cancro la risparmia e le offre l'opportunità di invecchiare come voleva lei, "dignitosamente", andandosene poi con calma, a ottantacinque anni, nella sua casa californiana, circondata dalla sua famiglia. La Twentieth Century Fox vende ancora un milione di copie dei suoi film ogni anno, ed è bello pensare che a comprarli siano soprattutto adulti che, con la scusa di farli vedere ai figli e ai nipoti, curano così la disperata nostalgia dei bambini che sono stati. Pazienza per i riccioli finti, per le mossette esasperate e per le trame allora improbabili quanto oggi anacronistiche: il mondo potrà cambiare mille altre volte, ma la realtà non smetterà mai di aver bisogno della fantasia.

VIVIENNE WESTWOOD

Settembre 2015. Una donna elegantissima – camicetta di seta, perle, sandali bianchi col tacco e sguardo fiero – marcia verso la Witney Constituency Home, sede dell'allora primo ministro inglese David Cameron, nell'Oxfordshire. La marcia la fa su un carro armato, anch'esso bianco, e come arma impugna un piumino per spolverare. È una manifestazione pacifica contro il fracking, la tecnica di estrazione dei gas naturali che comporta trivellazioni e iniezioni nel suolo di sostanze chimiche dannose per l'organismo e per l'ambiente. La dama dallo sguardo fiero che ha dichiarato guerra al fracking si chiama Vivienne Westwood ed è la stilista inglese che ha inventato il punk.

Militante impegnata e attivista politica, teoricamente è quello che si definisce un'anarchica, ma il concetto di anarchia per lei è sempre pratico. Il suo scarso culto per le istituzioni è tale che quando riceve l'onorificenza di Dama Comandante dell'Ordine dell'Impero Britannico dalla regina Elisabetta decide di andare a ritirarlo "scordandosi" di indossare le mutande. La voluta dimenticanza farà il giro del mondo, perché Vivienne delizierà i fotografi alzando il cappotto e volteggiando nel cortile di Buckingham Palace appena prima di salire dalla regina.

Vivienne Isabel Swire arriva dal Derbyshire, una verdissima contea inglese nella regione delle Midlands Orientali, puntinata da villaggi di casette talmente basse che sembrano schiacciate da tutto quel cielo, intervallate da parchi, castelli e brughiera a profusione. Il suo villaggio si chiama Tintwistle ed è in tutto simile al set di Downton Abbey, quindi il posto meno punk che possa venire in mente. L'anno in cui nasce è il 1941, ancora in pieno periodo bellico, e la povertà dell'Inghilterra di quegli anni è tale che Vivienne non ha nemmeno un giocattolo. La sua prima banana la mangerà a sette anni e dirà che non le è nemmeno piaciuta, dopo averla aspettata tanto. La cosa che più desidera da bambina è possedere una piuma di pavone, mamma Dora e papà Gordon però non possono permettersi di farle un regalo così frivolo. L'oggetto più prezioso che Vivienne ricorda di aver avuto nella sua infanzia è una scatola di fiammiferi in cui conserva dei frammenti di uno specchio rotto, che fanno una luce bellissima e le insegnano molto presto quanto si può sognare partendo dalle cose fatte a pezzi.

La sobrietà austera delle case del dopoguerra è un DNA difficile da modificare, ma aguzza la creatività anche nelle cose più semplici; per esempio quando, al posto delle palline per l'albero di Natale, in casa Swire si usano i tappi cromati dei contenitori di sale e pepe. Il senso del riciclo e del risparmio che l'accompagna da tutta la vita la porterà poi a dire: "La gente al giorno d'oggi si veste male. Siamo molto conformisti, nessuno pensa davvero a quello che indossa, bisogna comprare meno, ma scegliere bene, non buttare, e prendersi cura dei capi".

A dispetto delle ristrettezze, contrariamente a quella di altre Morgane l'infanzia di Vivienne è felice e le consente di sviluppare giocando un precocissimo talento da stilista. A cinque anni si confeziona il suo primo paio di scarpe. Come il nonno, legge tantissimo, anche perché i libri in biblioteca sono gratis, ma secondo la madre questa passione per la lettura è una fissazione eccessiva che rischia di rovinarle la salute, tanto che un giorno promette a Vivienne cinque scellini – il corrispettivo di altrettante paghette – se in cambio accetta di distruggere per sempre la tessera della biblioteca. Vivienne ha nove anni e quella somma non l'ha mai vista tutta in una volta, così accetta i soldi e polverizza all'istante la tessera, ma continuerà di nascosto a prendere in prestito libri usando quelle delle amiche e amando con dedizione particolare la fiaba di Pinocchio. A distanza di molti anni, in un'intervista dirà: "Qual è il migliore accessorio? Un libro. Io penso che l'arte, la letteratura, la musica, il teatro siano la migliore forma di educazione perché sono una forma di autoaffermazione. Lo stai facendo per te stesso. Se investi nell'arte, se studi per conto tuo l'arte, diventi immediatamente un ribelle perché la tua vita cambia, esci dalla dinamica del consumismo e inizi a pensare". Chi legge non ha bisogno di essere intrattenuto, e l'intrattenimento, l'incapacità di stare bene con quello che si è e si ha, per Vivienne è una condizione di tossicità sociale.

A casa Swire non esistono sprechi: ogni scampolo è prezioso. Vivienne adora osservare la madre che cuce gli abiti per lei e per i suoi fratelli Olga e Gordon, modellandoli direttamente sul corpo dei figli per evitare di usare troppa stoffa lavorando a occhio. Anche Vivienne da adulta farà così, e in ufficio spesso la vedranno tagliare in rettangoli il tessuto per i suoi abiti, modellandolo sul corpo delle indossatrici come le ha insegnato la madre Dora. Osserva così bene il suo lavoro e impara talmente in fretta che a undici anni si cuce gli abiti da sola e attribuisce loro un grande valore simbolico, come se vestirsi in quel modo fosse una missione. Racconterà: "Sentivo di dover diventare un cavaliere per impedire alle persone di farsi del male e penso che questo abbia a che fare con lo stile dei miei abiti. Bisogna prepararsi ad agire e impegnarsi". L'abito come manifesto di sé e del proprio impegno politico è un concetto del tutto nuovo nella moda: ad averlo interpretato fino a quel momento è stata soprattutto l'arte, ma con Vivienne la differenza tra arte e moda, talvolta suo malgrado, sarà sempre difficile da mantenere.

Dal Derbyshire la famiglia si trasferisce a Londra quando lei ha diciassette anni, e Vivienne si iscrive all'Harrow School of Art (studia moda e oreficeria), ma ci rimane solo un semestre, perché la retta è troppo cara e la famiglia non può proprio permettersela. Non può fare la studentessa, ma Vivienne non si arrende e si iscrive al corso per diventare insegnanti. A scuola, con la consueta anarchia, ci va con gonne cortissime e tacchi vertiginosi. Le sue scarpe preferite – racconta nella sua autobiografia – sono delle décolleté comprate a Manchester e non sono gradite a tutti. Un collega particolarmente pedante l'apostroferà: "Cara, cara Vivienne Swire, se Dio avesse voluto che camminassimo sugli spilli ce ne avrebbe provvisti un paio per natura". Per carattere Vivienne risponderebbe malamente, ma in quel momento starà zitta. Ci vorranno anni per realizzare la sua vendetta, quando in una sfilata a Parigi farà camminare le modelle su zeppe blu di legno alte trenta centimetri dalle quali persino la pantera Naomi Campbell caracollerà al suolo. È il 1993 e l'incidente trasformerà Naomi, le scarpe e Vivienne in leggenda. L'ossessione per l'altezza delle scarpe non l'abbandonerà mai. Racconterà che "le scarpe devono avere tacchi alti per mettere sul piedistallo la bellezza del corpo femminile", e se ogni tanto capitano degli incidenti non importa, sono il rischio del mestiere e lei lo corre in prima persona, tanto che un anno dovrà scrivere a Marc Jacobs: "Sarebbe bello vedersi durante il periodo di Natale, ma il 13 devo operarmi al ginocchio: sono caduta sulle scale mobili della metropolitana perché indossavo delle zeppe allucinanti! Oh, Marc! Che vita!".

Mentre fa ancora l'insegnante Vivienne arrotonda disegnando gioielli che vende in Portobello Road e lì una sera, in un locale dove si balla il rock & roll, incontra il suo primo marito, Derek Westwood. Lui è un ballerino incredibile e lei, che ha ventun anni, pensa che la cosa migliore che può fare sia sposarlo, incarnando alla perfezione la massima di Cher secondo la quale "le donne si emozionano per un nonnulla e poi lo sposano". Il giorno del matrimonio comunque Vivienne arriva in ritardo: si è cucita l'abito da sola, ma lo ha fatto in fretta e furia e non troppo bene, tanto che lo indossa con ancora gli spilli appuntati e le imbastiture. È la metafora di un amore che sta su a stento e infatti, sebbene l'anno successivo i due facciano un figlio, Vivienne lascerà Derek poco dopo perché, racconta, non stava imparando niente da lui.

Vivienne torna a casa dei genitori con il figlio Ben, ma è inquieta e si sfoga disegnando abiti per se stessa, decorati usando stampini fatti in casa, come patate tagliate a metà e incise e altri strumenti di risulta. Va spesso a trovare suo fratello, iscritto a sua volta all'Harrow Art School, che divide l'appartamento con un ragazzo allampanato dal volto cosparso di borotalco per accentuarne ancora di più il pallore vampiresco. Quello strano conte Dracula si chiama Malcolm McLaren, e Vivienne, affascinata dalla combinazione che potrebbe nascere dalla vicinanza tra lei e il ragazzo, decide di trasferirsi da loro. Malcolm è ancora vergine e la conquista a suon di ragionamenti sulla politica e l'arte. Quando vede gli abiti che lei crea, capisce il potenziale pazzesco che sprigionano e, da buon vampiro, decide di sfruttare al meglio le sue capacità.

Vivienne resta incinta ed entrambi pensano che la soluzione migliore sia quella di abortire. Solo che Vivienne, uscita con i soldi in mano per farlo, torna con un cappotto nuovo e si tiene il bimbo, che chiamerà Joseph. "La prima cosa che facemmo da genitori fu andare alla riunione del partito socialista operaio, per prendere parte a qualche intrigo trotzkista" racconta lei. Westwood e McLaren cambiano un po' di case e poi finiscono a vivere al numero 10 di Thurleigh Court, a Nightingale Lane, dove Vivienne rimarrà fino 1999. Sono vegetariani e senza soldi, ma non è un problema: mangiano riso con noci e verdure che si procurano frugando nei rifiuti al mercato, o rubacchiando nei giardini dei vicini. Nel cucinotto dalle piastrelle verdi Vivienne s'improvvisa cuoca vegana ante litteram e pioniera involontaria del macrobiotico quando certo non va di moda. Ancora oggi quella casa è intestata a suo nome ed è rimasta come lei e Malcolm l'avevano arredata. Ma, sebbene ne abbia tutte le caratteristiche, il posto che vede nascere il mito di Vivienne non è la casa con il cucinotto verde.

La leggenda della nascita del punk sorge a Chelsea, al 430 di King's Road, dove nel 1971 Vivienne e Malcolm aprono un negozio, il loro, che diventa una vera e propria dichiarazione d'intenti. In un'epoca dominata dallo stile hippie, si inventano un mondo urbano nuovo e tutto strappato, fatto a loro immagine e somiglianza. "Malcolm aveva deciso di sfidare il sistema usando il sesso, perché" racconta Vivienne "l'Inghilterra è la patria degli esibizionisti", e così sulle loro magliette compaiono soggetti disturbanti del pudore come cowboy nudi dalla cintola in giù con grossi falli che si sfiorano o una Biancaneve titillata da cinque dei sette nani mentre i due nani mancanti (Dotto e Cucciolo) stanno divertendosi parecchio fra loro.

Cercando la traduzione di "punk" sul dizionario, oltre al riferimento al genere musicale, tra le definizioni si trova anche questa: "Qualcosa di scadente, roba da due soldi", che, volendo, si può abbinare a una vera e propria filosofia di vita. Lo slogan di Malcolm era: Abiti d'immondizia per l'ufficio. "Prima di me e Malcolm il punk non esisteva. E c'è un'altra cosa che dovete sapere: è stato uno sballo."

Sono anni furiosi, arrabbiati e oscenamente divertenti: Vivienne viene fotografata fuori dal tribunale di Bow Street in t-shirt nera e testa rasata dopo un'accusa di turbamento dell'ordine pubblico, e fa cose dissacranti come cucire la bocca della regina Elisabetta sulle sue magliette, infilzandole le labbra con una spilla da balia. Il punk era una controcultura con molte facce e probabilmente sarebbe esistito comunque anche senza di loro, ma difficilmente avrebbe avuto la stessa risonanza, perché Vivienne e Malcolm per primi hanno scelto di utilizzare la "bruttezza" come strumento di libertà, per rompere i canoni del conformismo. I due diventano infatti i paladini della filosofia dello scarto di vestiario come metafora degli scartati sociali. "Non mi consideravo affatto una fashion designer negli anni del punk" scrive lei in uno dei suoi diari, "usavo semplicemente la moda per dare corpo alla mia resistenza, alla mia ribellione." Citando una delle sue scrittrici di riferimento, la Mary Shelley che da pezzi ricuciti immagina si possa creare persino un essere vivente, Vivienne dice che "l'invenzione non consiste nel creare dal nulla, ma dal caos". Dal caos nascono molte cose belle, come belli si rivelano i suoi abiti sovversivi, tagliati, ricuciti e riempiti di spille da balia, che sono un tripudio di lamette, collari borchiati, kilt strappati. Come un alchimista, trasforma una subcultura in moda e lo fa incollando sulle t-shirt nere ossa di pollo bollite, candeggiate e incatenate fra loro a comporre la parola "rock", tappi di bottiglia, chiusure lampo in corrispondenza dei capezzoli, spalline ottenute da pneumatici di bicicletta. "Nel dubbio, meglio esagerare" dice.

Il negozio cambia spesso nome, da "Let it Rock" diventa "Too Fast to Live, Too Young to Die", le t-shirt con gli slogan di Vivienne e Malcolm diventano veri e propri strumenti di propaganda e protesta sociale: più le scritte sono oltraggiose e più funzionano. Una delle più famose, "Destroy", finirà persino esposta, molti anni dopo, al Victoria and Albert Museum, con tanto di svastica come insulto alla classe dirigente e col simbolo dell'anticristo. Le maniche lunghissime, con spille da balia per accorciarle, la fanno spaventosamente assomigliare a una camicia di forza. I nomi del locale cambiano seguendo la linea caotica delle collezioni. Nel '74 il negozio diventa un icastico Sex e la coppia di stilisti inizia a vendere abbigliamento, accessori fetish in gomma e lingerie allora considerata super hard. Ricordando quegli anni, Vivienne racconta: "Passavamo al setaccio tutta la cultura a nostra disposizione, riaggregandola nelle combinazioni più perverse che riuscivamo a trovare. Guardavamo a tutti i culti che eccitavano la nostra fantasia, cercando di mettere a fuoco la loro vitalità ed energia. Sapevamo che era proprio quello che si doveva fare: riunire queste persone, accenderle per una causa e dare al tutto il massimo della pubblicità".

Non è una coppia equilibrata, ma in fondo quale coppia lo è? È Vivienne che trasforma i loro pensieri in abiti, ma Malcolm il vampiro è bravissimo a prendersi tutti i riflettori; così lei rimane sfocata sullo sfondo a cucire, crescere i figli e tentare di far quadrare i conti. Quando Andy Warhol andrà in negozio la scambierà per Jordan, la commessa icona di Sex, star assoluta in quel periodo, perché Vivienne è solo un nome e di lei circolano troppo poche immagini. In quegli anni tra i clienti di Sex si contano i nomi di coloro che sarebbero diventati le più importanti stelle della musica ribelle: da Debbie Harry a Iggy Pop, da Alice Cooper a Billy Idol, tutti infileranno le mani a rovistare tra i cesti di vestiti.

Ma il gruppo che più lega la sua immagine al centro caotico della creatività di Vivienne è composto da cinque ragazzini molto strani: si chiamano Johnny Rotten, Steve Jones, Paul Cook, Glen Matlock e, più avanti, Sid Vicious. È tra i cesti di quei vestiti estremi che nascono i Sex Pistols e ha perfettamente senso che sia Malcolm a diventare il loro manager. Mentre lui è impegnato a promuovere la band e sciocare il pubblico, Vivienne si occupa del negozio e degli abiti. "L'unica ragione per la quale sono nel mondo della moda è per distruggere la parola conformismo. Nulla è interessante per me se non contiene questo elemento di ribellione" dice. È lei a dare il look ai Sex Pistols, rendendoli riconoscibili nei loro iconici pantaloni bondage, le maglie in mohair e le t-shirt con i dissacranti slogan con cui i Westwood avevano già sconvolto Londra. Così, a suon di spille da balia, Vivienne cuce in maniera indissolubile la musica e il punk e i ragazzi impazziscono. C'è un solo problema: nonostante la fattura apparentemente caotica, i prezzi dei vestiti di Vivienne non sono per niente a buon mercato. La soluzione più facile per molti sarà quella di rubarli, spesso senza conseguenze, tanto i commessi del negozio – tra cui Chrissie Hynde, futura leader dei Pretenders, e lo stesso Glen Matlock dei Sex Pistols – sono spesso strafatti e non si accorgono di nulla. L'alternativa legale è farseli da soli, incoraggiati in questo dalla stessa Vivienne: "Se le persone non possono permettersi i miei vestiti, se li possono fare da sé". Certo, il risultato non è proprio lo stesso, visto che la Westwood in realtà utilizza materiali di qualità e studia ogni dettaglio, ma per chi non va troppo per il sottile quel che sembra è già quel che è.

Nel rispetto del rifiuto di ogni continuità, il negozio dei punk cambia e ricambia nome a ogni decade, diventando Seditionaires e infine World's End negli anni '80. Come insegna mettono un orologio che gira all'indietro, ma il tempo, anche per una come Vivienne, è difficile da truffare. A un certo punto il meccanismo della rivoluzione perfetta, far diventare di moda l'essere anti-moda, inizia a scricchiolare. Vivienne si accorge che la loro ribellione è diventata ormai poco sovversiva e sempre più funzionale al sistema che mirava a sovvertire. "Volevamo contrapporre la gioventù alla vecchiaia, ma un mese dopo aver sfoggiato i miei capelli a punta me li sono ritrovati su un numero di 'Vogue'. Era tutto marketing, una fonte di distrazione che permetteva alla società di credersi libera e democratica." Alla consapevolezza di

Vivienne di essere una rotella del folle mercato che voleva demolire si aggiunge la fine tragica del gruppo simbolo del punk. I Sex Pistols non solo si sciolgono, ma Sid Vicious viene accusato dell'omicidio della sua ragazza Nancy Spungen in una stanza del Chelsea Hotel, mentre Malcolm emigra per suo conto a Parigi. Vivienne, disillusa dalla mancata rivoluzione sociale del punk e ai ferri corti con Malcolm, prende le distanze dal movimento. "Nel momento in cui mi sono accorta che l'establishment ha bisogno di opposizione ho iniziato a ignorarlo, occupandomi di cose più importanti."

La cosa più importante è ricominciare ancora una volta da capo, inventandosi da zero per mantenere i due figli, per i quali non ha un centesimo da parte. Fedele alla sua convinzione che la conoscenza sia salvifica, Vivienne riprende a studiare. Dice: "La storia è l'unico rimedio alla deriva nella quale siamo finiti. Noi siamo il passato e ciò che sopravvive al passato è l'arte". Studiando la storia scopre i pirati, un pezzo fondamentale del passato del Regno Unito e una pedina essenziale del suo sviluppo economico nei primi tempi della guerra per il controllo del commercio sul mare. La figura dei filibustieri – ladri, guerrieri e marinai – la ispira come niente altro prima. Racconta: "L'idea era quella di lasciare l'isola – questa piccola isola, nel momento in cui mi ci sentivo imprigionata dentro – e fare un salto nella Storia, finendo nell'Era della Meraviglia. Tanti denti d'oro, basta con il nero e le catene. Se dovevano esserci delle catene, sarebbero state quelle arrugginite dei pirati. Erano vestiti in cui non c'entrava l'identità sessuale, ma solo il godimento della vita". Nel tempo in cui le correnti creative della moda avevano ancora il vezzo di darsi un nome, quell'ispirazione sarà chiamata New Romantic e anche se, come nel caso del punk, non è una sua invenzione, sarà lei la prima a sdoganare e portare in passerella elementi fuori dal tempo come le crinoline, le gorgiere, i volant e i pizzi, i corsetti e le immancabili altissime platform shoes. La moda New Romantic, unisex come il punk, si impone anche grazie alla nuova band seguita da McLaren, Adam and the Ants. Da lì è un attimo veder apparire gli Spandau Ballet, i Duran Duran e i Depeche Mode in un tripudio di stivaloni, velluti neodandy e camicette piene di sbuffi. Di nuovo Vivienne tesse insieme la moda e la musica.

Nel 1982, dopo un sodalizio fatto di alti e bassi (ma durato comunque vent'anni), i rapporti tra Westwood e McLaren peggiorano fino a logorarsi. Parlando di lui, racconta: "Voleva che stessi male, cercava di insultarmi. Cercava sempre di ferirmi. Questo faceva, e non usciva di casa finché non aveva portato a termine il compito di ridurmi in lacrime. Perciò era più semplice cedere e piangere, così la smetteva. Non ho mai più pianto da allora. Avevo già versato tutte le mie lacrime". Quando si lasciano, Malcolm per ripicca le fa la guerra sui diritti del marchio e manda all'aria un contratto che le risolverebbe ogni problema economico; ma un gatto ha meno vite di Vivienne, che ricomincia ancora una volta da zero, lavorando a lume di candela (la luce gliel'avevano staccata per le troppe bollette non pagate) sulla sua macchina da cucire casalinga. Finché può cucire due pezzi di stoffa, la signora Westwood sa sempre dove sta andando.

Le sue solitudini, come le sue creatività, non sono mai durature. In quell'ennesima ripresa arriva l'uomo giusto nel momento esatto in cui serve. È un manager italiano, Carlo D'Amario, a diventare suo compagno per qualche anno, ma soprattutto ad assumere il ruolo di preziosissimo alleato per tutta la vita, tanto che non smetterà più di essere amministratore delegato del marchio. Diversamente dagli altri suoi uomini, Carlo aiuterà Vivienne a diventare forte da sola a dispetto di tutto, e questa autonomia farà la differenza tra il suo marchio e quello di altri stilisti contemporanei: "McQueen, Galliano, Stella McCartney, Jean Paul Gaultier, tutti dipendono da una grande multinazionale. Vivienne è indipendente, non c'e nessuno sopra di lei che le dice cosa deve fare. Per questa libertà si paga un prezzo: indipendenza significa che devi lavorare tre volte più degli altri". Vivienne di lavorare non ha mai avuto paura e spesso lo ha dovuto fare contro tutto e tutti. La stampa la sbeffeggia per anni, l'industria della moda non la accetta, quando la invitano in tv lo fanno per dileggiarla e molti dei suoi colleghi la definiscono "una mina vagante". Lei però incassa ogni colpo e resiste coriacea, perché sa benissimo quello che sta facendo. Vincerà il premio British Designer of the Year per ben due anni consecutivi (nel '90, quando viene premiata da Lady D, e nel '91) e alla fine il tempo le renderà giustizia anche in amore. Tutte le lacrime versate per Malcolm sembrano poca cosa davanti all'arrivo di Andreas Kronthaler, un suo studente austriaco bellissimo, assai palestrato e tanto più giovane di lei, che Vivienne sposa nel '92.

Senza alcun timore Vivienne racconta: "So di avere queste cose flosce e orribili attorno al mento, ma nonostante questo sono molto sicura del mio aspetto. Penso che un uomo debba essere pazzo o stupido se non preferisce me a qualunque altra donna si trovi nella mia stessa stanza". Andreas, che non è pazzo né tantomeno stupido, la preferisce a chiunque, ma non ne subisce alcuna sudditanza psicologica, anzi si comporta da subito come un partner paritario. Prova tutti gli abiti che realizzano (con le gonne sta benissimo) e dà ordini a tutto l'entourage, creando non pochi attriti con i figli e gli altri collaboratori di Vivienne. Il sodalizio però è solido e regge agli anni al punto che Andreas e Vivienne restano a oggi un duo che funziona alla perfezione: nulla sfugge al loro fuoco incrociato e sempre più Andreas prende in mano le redini dell'azienda. Le loro lettere d'amore sono pubbliche e lui non ha remore a venerarla anche a parole: "Dio, da quanto ci conosciamo! Che meraviglia. Voglio celebrarti come mia

collaboratrice, amica e partner, mia insegnante e ovviamente musa. Ancora oggi credo che tu sia la donna meglio vestita. Ti amerò per sempre".

L'ispirazione amorosa resta reciproca, ed è una bella novità per Vivienne, che dai suoi uomini ha sempre dovuto difendersi, sentirgli dire: "Mi piace tutto
di Vivienne, il suo odore, il modo in cui le scendono i
capelli, ogni millimetro del suo corpo minuto". Non è
da meno il sentimento con cui lei lo ricambia, non dimenticando mai se stessa: "La cosa più bella che posso dire su Andreas è che amo vivere con lui quanto
amo stare per conto mio".

A consuntivo di una vita creativa, Vivienne è e resta
la stilista dei miracoli simbolici. È opera sua la rein-
troduzione della lingerie a vista, la silhouette a clessi-
dra e, soprattutto, la resurrezione del tartan (le hanno
perfino dedicato il nome di un tartan a sua immagine
e somiglianza, il Westwood MacAndreas) e del tweed.
"È come il burro" dice, "con il tweed non sbagli mai."
Le è riuscita un'operazione così contraddittoria da
rappresentare un continuo paradosso: è diventata un
classico senza mai smettere di essere avanguardia. È
stata arrestata, ha scandalizzato e stupito, ma poi è
entrata nei musei, a cominciare dal Victoria and Albert che, nel 2004, le ha dedicato la retrospettiva più
grande mai realizzata per uno stilista vivente. È stata celebrata anche da "Sex and the City", la serie che,
per prima, ha rivoluzionato il modo di parlare di sesso in tv, e trasformato Sarah Jessica Parker in un'icona

di stile. È con una sua creazione che Carrie va all'altare per non sposarsi con Mr Big (lui scappa, ma il vestito – tra corsetto di seta duchesse, gonna di taffetà avorio e piume di un non meglio identificato volatile in testa – era semplicemente pazzesco).

Oggi che puoi comprarti magliette punk in qualsiasi grande catena e che borchie e strappi, lungi dall'essere ancora sovversivi, incarnano il conformismo di un modello che ha colonizzato persino i tristi show televisivi pomeridiani, Vivienne si avvia agli ottant'anni con gloria, combattendo su altri fronti le sue mille battaglie, senza mai scendere dalla sella della bicicletta con cui scorrazza per Londra. Non ha mai avuto paura di essere politica e oggi più che mai si espone in prima persona, indomita, in cause come il disarmo nucleare e la lotta contro il cambiamento climatico. "Per me la moda è una scusa per parlare di politica. Essere una stilista mi dà una voce, il che è molto importante." Nella sfilata della collezione del 2016, per esempio, le modelle sono entrate in scena manifestando contro il fracking. Salvare il mondo è dunque diventato il suo lavoro a tempo pieno: dal vegetarianismo ai diritti delle coppie omosessuali, passando per l'indipendenza della Scozia e l'importanza di una moda etica, è normale vederla in Antartide con Greenpeace o sentirla gridare il suo sostegno ad Amnesty International. Anche i suoi abiti rispettano l'impegno nella salvaguardia del pianeta e dei diritti animali: Vivienne è sostenitrice dell'organizzazione no-profit PETA e tutti i prodotti firmati da lei sono cruelty-free, totalmente privi di pelli e pellicce d'origine animale. I materiali da lei utilizzati rispecchiano l'etica di essere il meno inquinanti possibile, e quando entri in ciascuna delle sue boutique sparse per il mondo leggi questo slogan: "Buy less, choose well, make it last", cioè "Compra meno, scegli meglio e fallo durare".

Morti i Sex Pistols, finita l'*anarchy in the UK*, in un mondo che non si scandalizza più di niente, cosa è rimasto dell'eredità del punk? "La rivoluzione climatica è punk" racconta Vivienne nel documentario di Lorna Tucker *Westwood: Punk, Icon, Activist*, che tanto l'ha fatta infuriare. Il motivo della sua rabbia l'ha riassunto ferocemente in queste parole: "Non ci sono neanche cinque minuti di attivismo nel film", nonostante la Tucker abbia seguito la stilista per ben due anni nel suo lavoro. La maison, dopo la première del documentario, ha dichiarato su Twitter: "È un peccato. Il film è mediocre e Vivienne e Andreas non lo sono". Ma raccontare una rivoluzione mentre sta ancora avvenendo non è un'impresa facile per nessuno e forse la cosa più intelligente è lasciare che sia Vivienne stessa a dire di sé quel che meglio la rappresenta.

Per un riassunto del Westwood-pensiero, la stilista punk rocker ha stilato appositamente un decalogo "rivoluzionario", pubblicato sulla sua pagina Facebook, dando poche regole, non troppo difficili secondo lei da seguire, ma che possono servire a cambiare moltissime cose:

1   Il denaro è il mezzo per un fine, non un fine in sé e per sé.

2   Qualità contro quantità.

3   Acquistare meno, scegliere meglio, far sì che duri. "Io non spreco mai il denaro, io lo spendo" diceva Oscar Wilde.

4   Preparare e cucinare il proprio cibo.

5   Eliminare, quando possibile, la plastica.

6   Tenersi informati.

7   ONG: ce ne sono migliaia, sostenerne una in particolare e dare a essa il proprio contributo. Si apprende molto.

8   Tenere conto della responsabilità di non avere o di avere bambini.

9   Prendere parte attivamente alla Rivoluzione che ci si sta apprestando a costruire.

10 Impegnarsi nell'arte e nella cultura (consumatore scendi dal tapis roulant, discrimina, non subire).

Al tempo che passa, Vivienne risponde così: "A volte mi chiedono se mai mi ritirerò. Rispondo che la gente va in pensione e poi fa quel che vuole, ma io già faccio quel che voglio, cioè quel che credo sia giusto fare". Così si muove nella sua casa-studio zeppa di libri, bozzetti e disegni appesi ovunque, mangia principalmente mele, beve tantissimo tè e non ha TV né cellulare. Continua però a creare i suoi vestiti con la logica di farne molto più che abiti, e cioè macchine del tempo, cose che "possiedono una loro eternità, raccontano una storia e hanno una nostalgia a cui la gente può attingere". Attingere alla nostalgia significa tenere sempre per mano il tempo in cui siamo stati felici, e la memoria di una felicità – Vivienne lo sa perfettamente – è il motore di tutte le rivoluzioni.

ZAHA HADID

Chi progetta spazi progetta comportamenti. È una delle responsabilità più grandi dell'architettura e rende i progettisti molto più che meri inventori di forme nello spazio, ma qualcosa di simile a deus ex machina, demiurghi che possono determinare la qualità di vita sia estetica sia etica di quanti abiteranno i loro edifici. L'architettura ha una storia lunga quanto quella degli esseri umani e del loro bisogno di vivere in spazi a propria misura, ma questo potrebbe facilmente indurre a credere che in una disciplina così antica sia difficile inventare ancora qualcosa. Non è così. C'è stata una donna che non si è limitata ad applicare le regole che ha trovato, magari mettendoci un po' del suo, ma ne ha ridefinito i confini, reinventando l'idea stessa dello spazio. Per farlo ha dovuto fregarsene dei fallimenti e considerarli un incidente di percorso necessario. Del resto, quando sei proiettata nel futuro e vuoi dare una forma a ciò che esiste solo nella tua mente devi correre infiniti rischi. È per questa temerarietà che Zaha Hadid è stata la prima donna a essersi guadagnata un neologismo – quello di archistar – usato fino a quel momento solo per gli uomini. "Pare che io sia nata per superare costantemente le frontiere" ha detto una volta, e in effetti la sua architettura le ha davvero superate tutte, che fossero tecniche o simboliche, tanto che Zaha è stata la prima donna architetto a ottenere il premio Pritzker nel 2004 (l'equivalente del Nobel in architettura) e la prima a ricevere la medaglia d'oro del Royal Institute of British Architects nel 2016.

Per capire come abbia fatto occorre per prima cosa spazzare via termini come "comfort" e "funzionale": non sono concetti interessanti per una che si è impegnata a combattere soprattutto la legge di gravità. Il tema dell'abitare finisce spesso e volentieri alle ortiche con Zaha, tanto che, per quasi dieci anni, è dileggiata con l'appellativo "architetto di carta", perché i suoi progetti – per quanto premiatissimi – rimangono, appunto, sulla carta, troppo visionari e astrusi. La accusano di prediligere l'estetica, di portare avanti un'idea di architettura troppo avveniristica e poco realistica, dimenticando che gli edifici, per quanto estrosi, sono destinati alle persone. Lei però intravede in questa richiesta la trappola del conformismo, la voce noiosa del buon senso che mormora suadente: "Si è sempre fatto così, chi sei tu per mettere tutto in discussione?".

Zaha le regole le vuole cambiare e non molla di un centimetro, controbattendo: "Io non faccio piccoli edifici graziosi". Odia le linee rette e gli angoli a 90 gradi: "Perché attenersi all'angolo di 90 gradi quando ce ne sono disponibili altri 359? La vita non è una griglia disegnata su carta millimetrata. Prendete un paesaggio naturale: non c'è nulla di regolare o piatto, ma tutti trovano questi luoghi molto piacevoli e rilassanti. Penso che dovremmo cercare di ottenere la stessa cosa con l'architettura, nelle nostre città. Di orribili edifici a basso costo se ne vedono fin troppi". Non le interessa affatto risultare accogliente, né come architetto né come donna. Il suo aspetto è maestoso, la voce profonda, i suoi colori sono forti, quasi violenti: utilizza spesso rossetti scuri, principalmente viola, che rendono il suo volto ancora più altero. I capelli, scuri anche loro, si concedono delle ombreggiature più calde, ma sono gli occhi che non perdonano: neri, scolpiti dall'eyeliner e pronti a incenerire chiunque non sia degno della sua attenzione. Neri sono spesso anche i suoi abiti, ed essenziali: ama gli stilisti giapponesi e l'italiano Romeo Gigli; e le scarpe (sua infinita passione, ne disegnerà anche una linea in cloruro di polivinile), che preferisce con tacchi altissimi e che indossa anche quando lavora nei cantieri, ondeggiando sicura fra tralicci e uomini che la guardano ammirati e intimoriti. Zaha parla poco e non sopporta le persone noiose, è intransigente con i collaboratori e leggenda narra che il suo quartier generale pulluli di grandi

altoparlanti, dai quali Zaha urla spesso i loro nomi e
cognomi seguiti da ingiurie crudeli. In un'intervista
riassume alla perfezione le aspettative che il mondo
ha nei riguardi delle donne, che devono restare piacevoli e compiacenti sotto qualunque pressione: "Se
devi lavorare e sei stanca, forse sarai anche di cattivo
umore. La gente ti vorrebbe dolce e obbediente, sempre. Impossibile! Dicono che sono maleducata perché
non dico cose tipo 'Oh, sei meraviglioso!'. Ma io non
sono un'attrice che entra ed esce dal palco. Non fingo.
Ho imparato a fare ciò che funziona per me. E a non
fare del male agli altri. È tutto". La compiacenza non
le appartiene, forse perché in fondo sa che è il contrario dell'attitudine al comando e che in un mondo
di uomini come quello del mattone l'unico modo per
farsi rispettare è farsi temere. C'è chi la definisce un
genio e chi un totale bluff, e per parlare di lei si col-
lezionano una rosa di aggettivi che spaziano da arro-
gante ad antipatica, senza dimenticare stronza, pre-
potente (decide persino i colori che gli invitati devono
indossare all'inaugurazione delle sue opere) e snob.
Per i suoi nemici è "colei che non deve essere nomi-
nata", una sorta di lady Voldemort dell'architettura.
E Zaha? Li ignora, come sempre. Ha obiettivi chiari e
non si ferma davanti alla disapprovazione di nessuno, né del resto lo ha mai fatto.

La sua storia comincia a Baghdad, in Iraq, nel 1950.
Per nascere sceglie un giorno da vera strega: il 31 ot-
tobre, la notte di Halloween, quando – secondo le tra-

dizioni di molti popoli – i confini tra il regno dei vivi e quello dei morti si assottigliano al punto che per questi ultimi è un attimo tornare a bussare alle case in cui sono vissuti. È buona usanza, infatti, apparecchiare qualche coperto in più per visite inaspettate, e la casa in cui vive Zaha è proprio una di quelle in cui ci piacerebbe tornare se fossimo suoi avi. Dimenticatevi storie di mestizia, povertà e infelicità: Zaha nasce fortunata. Cresce in uno dei primi edifici d'ispirazione Bauhaus a Baghdad, con una madre che ha ascendenze principesche e un padre industriale sunnita che appartiene alla classe dirigente dell'Iraqi Progressive Democratic Party. Dei suoi genitori dice: "Erano fantastici, adoravano la cultura, la storia, mi hanno trasmesso la passione per la scoperta e non hanno mai distinto tra scienza e creatività. Mia mamma era elegante e protettiva, governava la famiglia. Mio papà era straordinario, mite, laico. Si era laureato negli anni '20 alla London School of Economics, si trasferì a Beirut, ritornò in Iraq, contribuì a fondare il partito democratico e vi rimase fino a che la guerra lo costrinse a fuggire. Un intellettuale importante, un uomo generoso che ha appoggiato tantissime persone, pagando loro gli studi. È morto a Londra, l'avevo convinto io a venire, lui non voleva abbandonare il suo paese". Una bambina nata con la camicia, pronta a una vita facile. La folgorazione per l'architettura e il design le arriva a dieci anni, quando i genitori la portano a una mostra: "Lì pensai che avrei voluto disegnare e costruire case". Per il momento manifesta una predisposizione soprattutto per la pittura, ma è ancora nell'età in cui non deve decidere subito chi o cosa essere. La scuola delle suore da lei frequentata non ha stranamente nulla d'inquietante o traumatico, ma solo reminiscenze gioiose che sembrano sortire da un film con Julie Andrews. "Andavo a scuola in un convento di suore francesi che parevano Mary Poppins, dove avevo compagne cristiane, musulmane, ebree. Ho ancora in mente le lingue che sentivo parlare e i profumi, di cui l'Oriente è così ricco, che mutavano a ogni angolo di strada." È tutto come lo racconta, perché anagraficamente Zaha può permettersi il ricordo di un Iraq ancora indipendente: il colpo di stato del '58, quello che proclama la repubblica, fa sperare in un futuro libero. Le cose, oggi lo sappiamo, sono andate tutte in un altro modo – prima con l'avvento del partito Baath e poi con Saddam Hussein –, ma Zaha viene mandata via dalla famiglia appena prima di quell'ondata di morte fisica e civile. Quando si sposta a Beirut per studiare matematica porta con sé una foto che conserverà per tutta la vita: quella della sua scuola vicina al Tigri, che le procurerà sempre "tenerezza e dolore". Saranno proprio le gite fatte da bambina, lì dove confluiscono il Tigri e l'Eufrate (più o meno nella zona biblica dove sorgerebbe il giardino dell'Eden), a guidarla nei suoi progetti molti anni dopo, quando racconterà: "Quando vedi i fiumi e gli alberi sapendo che tutto è così da diecimila anni, la sospensione temporale ti invade. C'è uno stupefacente scambio fra terra, acqua e natura che si estende fino a incorporare edifici e persone. Penso che forse, al centro del mio lavoro, ci sia proprio il tentativo di catturare quella dinamica di continuità e scambio in un contesto architettonico urbano".

La donna che diventerà una delle più importanti voci dell'architettura nel mondo si laurea in matematica all'American University, in Libano, perché, come dice lei, "la matematica è una disciplina che ti educa a organizzare e strutturare i processi della mente". La geometria la userà per capovolgere le regole studiate, ma prima traccia il suo futuro proseguendo gli studi in Svizzera e poi in Inghilterra, dove già si trovano i suoi fratelli, che hanno studiato a Cambridge. Ricorderà i primi anni londinesi così: "L'esperienza del trasferimento fu molto liberatoria. Londra negli anni '70 era molto più aperta di oggi. Adesso so che gli inglesi in realtà sono sciovinisti e misogini non meno di altri, ma allora coglievo soprattutto il loro amore per tutto ciò che è eccentrico, che mi ha permesso di fare ciò che desideravo... Certo, se fossi stata un uomo avrei avuto vita più facile". Facile o no, la sua vita scorre comunque come un treno.

Nel 1972 si iscrive all'Architectural Association di Londra, dove si laurea nel 1977. Il guru dell'architettura Rem Koolhaas, all'epoca suo insegnante, racconta che Zaha era arrivata da loro come "un pianeta nella sua propria orbita". In quella giovane laureata Rem vede qualcosa che lo spinge a proporle di entrare a far parte dell'Office for Metropolitan Architecture a Rotterdam, ma lei, invece di genuflettersi onorata, pone una condizione: accetterà solo se la prenderanno come socio. Koolhaas e colleghi le rispondono: "Se sarai un socio ubbidiente". La sua risposta è una promessa e una minaccia insieme: "No, non ho intenzione di essere ubbidiente". Ripensando ai suoi inizi, Zaha racconterà: "Non avrei mai potuto avere una carriera convenzionale nell'ambito dell'architettura. Credo che si debbano correre dei rischi. Al termine degli studi devi decidere se vuoi rischiare o andare sul sicuro; è una scelta fondamentale, la più importante. E sei puoi correre dei rischi, credo che ne valga la pena".

Diventa dunque socia non obbediente e nel frattempo insegna in diverse università britanniche e statunitensi, a cominciare da Harvard, dove prende la cattedra che era stata del maestro Kenzō Tange. Non crede però che si possa davvero insegnare l'architettura: "Certamente puoi tenere qualche lezione di storia e puoi trasmettere le ragioni tecniche di un modo di pensare il design, ma in realtà puoi solo dare ispirazione. Non entro mai in un'aula affermando dogmatica: oggi v'insegnerò questo. Bisogna incoraggiare i ragazzi a migliorare il loro impatto progettuale sulla società con una laurea in libertà". Per coltivare libertà Zaha continua a dipingere per passione. Ama l'avanguardia russa, in particolare Malevič (la sua tesi di laurea s'intitolava "Malevich's Tektonik") e il suprematismo, che segna l'inizio della sperimentazione fuori dalle linee tracciate. La sua pittura entra anche nei progetti che disegna con Rem Koolhaas e sono proprio questi gli anni della criticatissima "architettura di carta", perché i due visionari disegnano moltissimo, ma producono pochissimo. Troppo fantascientifici ed egoriferiti, dicono di loro. Zaha non si turba per quegli attacchi e continua a credere alla sua visione. "Sin dall'inizio ho pensato all'architettura in una forma differente. Sapevo quello che volevo fare e quello che dovevo disegnare, ma non potevo farlo nel modo convenzionale, perché con i metodi tradizionali non riuscivo a rappresentarlo. Così ho cominciato a ricercare un nuovo modo di progettare, per provare a vedere le cose da un diverso punto di vista. Poi, con il tempo, quei disegni e quelle pitture si sono trasformati nei miei veri strumenti di rappresentazione. L'architettura deve infondere piacere. Ciò che di solito la gente non capisce del concetto di lusso è che esso non ha nulla a che vedere con il prezzo. La spiaggia di Copacabana, per esempio, ha una sabbia bellissima e per andarci non bisogna pagare niente! Questo dovrebbe fare l'architettura: offrire l'idea del lusso a grande scala." La strana combinazione di forza e bellezza che scaturisce dal suo lavoro con Koolhaas le serve a capire la sua direzione e a tracciarla, ma non le basta per compierla: Zaha è troppo autonoma per restare a lungo l'allieva geniale di qualcun altro. Apre il suo studio a Londra, dove continua a disegnare i suoi progetti apparentemente impossibili, più vicini all'astratto pittorico che non al rigore materiale dell'architettura tecnica. Come Jules Verne, immagina qualcosa che non esiste, ma esisterà. Quando le dicono "Questo non potrà mai essere un edificio", risponde: "Non è un edificio. È un concetto". Lei quei concetti vuole trasformarli in realtà e la profezia delle sue linee è alla continua ricerca di una tecnica che le trasformi in strutture materiali. "Quando la gente vede cose fantastiche, la prima cosa che pensa è che non siano possibili. Invece non è vero; siamo capaci di costruire cose formidabili" racconta in un'intervista.

Nel 1983 Zaha fa ancora un gesto visionario: vince il concorso per il Peak Club di Hong Kong disegnando un edificio stralunante, dalle linee mai viste prima e dalle architetture apparentemente irrealizzabili. Non sarà in effetti mai realizzato, ma segna un passo verso il possibile: costituirà il prototipo per la nascita del suo primo grande successo, la Vitra Fire Station a Weil am Rhein, in Germania, inaugurata un decennio dopo, nel 1993, e che diventerà il suo manifesto teorico. Cosa accade in quei dieci anni in cui l'impossibile diventa probabile? Gli eventi portanti di quel periodo sono due. Il primo è che entra a far parte del suo studio Patrik Schumacher, che la affianca in tutti i progetti e diventerà nel corso degli anni direttore e figura chiave nella sua vita (e anche uno dei suoi numerosi amanti, dicono in molti). Il secondo cambiamento strutturale è la rivoluzione tecnologica. Nel suo studio Zaha spazza via i metodi tradizionali del passato per progettare e utilizza il rendering e tutta la tecnologia che ha a disposizione. Come il microscopio ha cambiato la storia della biologia e della medicina, così il perfezionarsi di strumenti di progettazione che lavorano sulle linee vettoriali e la creazione continua di nuovi materiali rivoluziona l'architettura, uccidendo la figura del creativo solitario chino sul suo tavolo da disegno con righelli e squadre. Nello studio della signora Hadid il numero di ingegneri informatici supera quello degli architetti puri, perché per dare vita alle sue architetture parametriche Zaha crea un linguaggio che si serve di valori precisissimi, che permettono di sviluppare variazioni infinite appartenenti alla stessa matrice. Patrik definisce le sue forme architettoniche "autopoietiche", come un sistema che ridefinisce continuamente se stesso e si alimenta riproducendosi dal proprio interno. Per ospitare quella rivoluzione Zaha acquisterà un'ex scuola vittoriana, al 10 di Bowling Green Lane, nel cuore di Clerkenwell, la Little Italy londinese. È in mattoncini rossi, e diventa il suo quartier generale, con più di trecento dipendenti che arrivano da cinquanta nazionalità diverse e una quota di donne pari al 40 per cento. Nel giro di pochi anni lo studio assume proporzioni gigantesche e fattura qualcosa come trecento milioni di sterline, facendo mangiare la polvere a nomi già affermatissimi come Renzo Piano.

Da quell'ufficio alla casa di Zaha bastano dieci minuti a piedi, perché lei non ama viaggiare, anche se per lavoro è costretta a girare continuamente il mondo. Con l'Italia svilupperà un rapporto ambivalente, cominciato da bambina con i suoi genitori, in vacanza, esattamente cinquant'anni prima di vincere il bando per il MAXXI, il Museo Nazionale delle Arti del XXI secolo di Roma. In realtà non è facile per lei lavorare nel Belpaese. "È come se in Italia le persone avessero paura di tutto ciò che è nuovo, evitassero il cambiamento, lo allontanassero." Il MAXXI la fa penare moltissimo diventando un cantiere infinito, lungo dodici anni: la burocrazia italiana mette a dura prova il suo pragmatismo e quando è finalmente pronto, con l'arroganza che la contraddistingue, lei prende la decisione di presentarlo vuoto alla stampa, come se fosse un'opera d'arte sufficiente a se stessa. Al posto delle opere ci sono trentasei danzatori coreografati da Sasha Waltz, che fluiscono tra il pubblico interagendo con la struttura architettonica, quasi ci facessero l'amore. Zaha per l'inaugurazione abbandona il nero d'ordinanza e si presenta con una cappa bianchissima e lunghi guanti punteggiati di cristalli colorati. Poco le importa se, come sempre, fioccano le critiche: per molti è un edificio nato già vecchio, per altri è inconcepibile che nella Galleria 5 (subito ribattezzata "quella sbagliata") ci sia un pavimento in salita che provoca – dicono – labirintite ai visitatori, ma allo stesso tempo il "New York Times" lo paragona per capacità innovativa alle opere del Bernini.

Zaha è cresciuta con un'educazione cosmopolita dove predomina l'elemento culturale occidentale, e questo l'ha sempre resa una non-appartenente, una sorta di ibrido che non poteva essere ricondotto ad alcun parametro esatto. Per molti versi la sua stessa persona somiglia ai progetti che per tanti anni sono rimasti sulla carta perché nessuno sapeva come realizzarli: l'insieme degli elementi culturali che compongono la sua identità è tanto stupefacente quanto irripetibile. Troppo araba per gli occidentali e troppo occidentalizzata per il mondo di partenza, Zaha ha sempre rivendicato questa sua alterità. Quando qualcuno ha provato ad affibbiarle l'etichetta di musa ispiratrice per le donne arabe, lei semplicemente si è scansata, perché la sua rivoluzione, tutta personale, è stata quella di credere esclusivamente nel talento, che per lei è anche la vera e sola possibilità di affrancarsi per le donne, arabe e non. Per questo la annoiano le domande sul femminismo, alle quali risponde secca: "È evidente che i maschi vivono da millenni in una condizione che è stata di dominio ed è di privilegio professionale e sociale. Serve che lo ripeta io? Quando ho iniziato, le donne c'erano ma non andavano mai oltre un certo livello. Si supponeva che non potessi avere un'idea. Se invece sei un uomo non solo puoi averla, ma puoi anche essere esigente. Il fatto è che il vero nemico è dentro, quando permettiamo alle persone di trattarci con superiorità. Ma se hanno un problema è loro, non tuo. Non puoi passare la vita a combattere.

La vera battaglia è fare un buon lavoro". È indubbio che l'architettura, fino al suo arrivo, sia sempre stata considerata un campo maschile e misogino, e lei lo sa bene: "Ritengo non ci sia alcuna differenza tra uomini e donne nella capacità di visione, men che meno nella capacità di realizzazione. Spesso ho sentito affermare che una donna architetto non sarebbe in grado di occuparsi ad esempio di un grande progetto commerciale. Ma in quanto donna sono assolutamente sicura di saper fare molto bene un grattacielo, un museo o un aeroporto. Non penso che siano soltanto roba da uomini". A chi l'ha accusata di non poter capire la discriminazione delle donne sul lavoro a causa della sua nascita colta e ricca – come se il privilegio della classe cancellasse quello etnico e sessuale – Zaha ha sempre replicato sorridendo e continuando a progettare. Il prezzo pagato per arrivare dove gli uomini arrivavano con metà dei suoi sforzi non è mai stato un argomento per lei.

Tra i costi personali rientra probabilmente il sacrificio di una vita privata tradizionale. Zaha ha spesso due fidanzati per volta, ma nessun marito e niente figli. Per nessun uomo del suo livello il successo è stato mai un limite alla paternità, e lei ne è conscia quando nelle interviste – dove la domanda le viene sempre rivolta – dice che non sa se un giorno si pentirà di questa scelta, ma fare le quattro o le cinque della mattina nel suo studio è il modo migliore per lei di impiegare il tempo, che è sempre troppo poco. Nel frattempo macina trionfi, immette nei suoi progetti una percentuale sempre maggiore di flessuosità e riesce a ricrearle dove nessuno osa nemmeno immaginarle. Le visioni della "regina delle curve" sono fatte di movimenti avvolgenti e fluidi: il London Aquatics Center – cuore delle Olimpiadi estive del 2012 – con il suo tetto ondulato ha la morbidezza del movimento dell'acqua, la Serpentine Sackler Gallery nei giardini di Kensington (inaugurata nel 2013), vista da una certa angolazione, sembra la testa di un cobra pronto ad attaccarti, la stazione marittima di Salerno (inaugurata nel 2016, a poche settimane dalla sua scomparsa) è definita dalla stessa Zaha come "una gigantesca ostrica che guida e protegge i passeggeri nel loro fluire". Una delle sue opere più sorprendenti è il Bergisel, cioè il trampolino olimpico di Innsbruck (inaugurato nel 2002), che assomiglia a un'impudente linguaccia sospesa; lanciarsi sulla neve da lì dev'essere un'esperienza irripetibile. Nel 2008 la rivista "Forbes" la inserisce nella classifica delle cento donne più potenti del mondo e nel 2010 "Time" la nomina tra le cento personalità più influenti dell'universo globo. Lei si emoziona poco per i premi, che le sembrano utili soprattutto perché "adesso anche molta gente al di fuori dello specifico ambito dell'edilizia finalmente si interessa all'impatto che l'architettura esercita sulle loro vite, sulle città dove abitano". E se è vero che le persone guardano sempre di più all'architettura, la sua architettura guarda invece ad altri linguaggi. Le piace giocare con la musica e la moda, al punto che nel '99 progetta il palco e la scenografia del Nightlife Tour dei Pet Shop Boys e collabora spesso con l'amico Karl Lagerfeld, disegnando anche l'Art Pavilion per Chanel.

C'è però una linea sottile tra la definizione di visionaria e quella di pazza, e lei su quella linea cammina in tacchi alti per tutta la vita. Il suo talento è bollato come virtuosismo egoriferito, un delirio di onnipotenza dove la praticità e l'efficienza soccombono come soldati in guerra. I suoi progetti inoltre sono carissimi, con costi di realizzazione spropositati. Lo stadio per i Giochi olimpici di Tokyo 2020 fa scoppiare un finimondo: lo chiamano con disprezzo "l'astronave", dicono che assomiglia a un enorme casco da bicicletta, che è fuori contesto e che non rispetta regole e tradizioni; per gli architetti giapponesi è un sacrilegio, un anatema lanciato contro le divinità e il paesaggio. Lo stadio è infatti alto settanta metri nonostante sorga vicinissimo al santuario Meiji, dove secondo la regola le costruzioni non dovrebbero superare i quindici metri di altezza. Così prima le dimezzano il budget, poi la obbligano a ridurre le dimensioni e infine le sottraggono il progetto, affidandolo a un architetto maschio, giapponese e sobrissimo. Non sono solo i soldi il problema, però. In Qatar, che non ha certo limiti di budget, quello che turba i committenti dello stadio Al Wakrah, che deve ospitare i mondiali di calcio del 2022, è il ludibrio ricevuto da tutto il mondo: Zaha ha progettato quella che dall'alto assomiglia in modo inquietante a un'enorme vagina dischiusa. Zaha fa spallucce: "In pratica stanno dicendo che qualunque cosa abbia un buco è una vagina. È ridicolo". Considerato che l'architettura occidentale pullula di costruzioni a forma dichiaratamente fallica è indubbio che Zaha abbia ragione, ma questo non le risparmia il fatto che al "Daily Show", la trasmissione di satira americana, un inviato coraggioso venga mandato in missione per trovare il punto G dello stadio. Instancabili sul fronte estetico, i detrattori di Zaha non le danno tregua nemmeno su quello etico. Viene accusata di essere connivente con i regimi autoritari dei paesi in cui viene chiamata per progettare e l'accusano di essere diventata un brand senz'anima: dai mocassini alle candele, dai gioielli alle cravatte, il nome di Zaha figura su qualsiasi cosa si venda. Ancora una volta su di lei si gioca la contraddizione del rigetto: se agli inizi era troppo elitaria e astrusa per essere capita, ora ai detrattori appare troppo popolare per essere seria. A quel punto della vita, però, la sua parabola ha già disegnato un arco così ampio che del pulviscolo che si solleva intorno alla sua scia Zaha non si cura più.

Fortunata di nascita e baciata dal successo, Hadid incarna il destino delle donne che hanno preteso di vivere la vita alle stesse regole di un uomo. Per questo conclude il suo percorso in solitaria, dato che non ci sono compagni possibili per chi ha creduto solo in se stessa. Negli ultimi anni Zaha continua a lavorare e viaggiare tanto, ma non fa più le quattro o le cin-

que della mattina nel suo studio. Quando è a Londra
le piace moltissimo nuotare e lo fa appena ha un momento libero. Dice che l'acqua è il suo elemento naturale e non si può che crederle, considerato che per
gran parte della vita non ha fatto altro che riprodurre la sinuosità dell'acqua nelle sue opere. Se deve ri-
lassarsi sceglie uno spettacolo di danza contemporanea, o magari un film francese o italiano (ama Visconti,
Bertolucci, Godard). Non disdegna le serie televisive
– va pazza per Frank Underwood in *House of Cards* –
e visita spesso le gallerie d'arte di Londra.

Morirà all'improvviso il 31 marzo del 2016, senza
lasciare a nessuno il tempo di abituarsi all'idea che se
ne stia andando. Ha sessantacinque anni e l'infarto
fatale le arriva mentre è ricoverata in un ospedale di
Miami per curare una comune bronchite. Al momento della morte ha trentasette progetti aperti in venti-
due paesi (tra cui la Cina, la Russia, gli Stati Uniti e
il Medio Oriente) e sta inventando nuovi grattacieli,
musei e aeroporti. Molti lavori importanti verranno
ultimati postumi, tra cui uno dei grattacieli di Citylife
a Milano: la torre Generali, che i milanesi chiamano
"lo Storto", perché si avvita torcendosi, poi salendo si
distende e raggiunge infine la verticalità in un gioco
d'equilibrio incredibile. Difficile immaginare una metafora migliore dell'esistenza di chi lo ha progettato.

Prima di morire ha fatto in tempo a ricevere la medaglia d'oro del Royal Institute of British Architects. Al
momento della premiazione, il mostro sacro dell'archi-

tettura Sir Peter Cook la presenta così: "Se Paul Klee ha 'passeggiato' lungo una linea, Zaha Hadid ha trascinato le superfici scaturite da quella linea in una danza virtuale, poi le ha abilmente ripiegate su se stesse, portandole in viaggio nello spazio. Diciamolo chiaramente, avremmo potuto assegnare la medaglia a un personaggio degno, confortevole. Non l'abbiamo fatto, abbiamo scelto Zaha: più grande della vita, una personalità straordinaria, spavalda e sempre vigile, pronta. La nostra eroina". Le parole che aveva forse sognato di sentirsi dire quando faceva i primi passi sono arrivate tardi, quando la strada lei l'aveva tracciata già. È con quell'amarezza che, poche ore dopo la premiazione, Zaha rilascia un'intervista che la vede uscire un po' con le ossa rotte e dare ragione a tutti quelli che la criticano perché sembra interessarsi pochissimo dei diritti umani. Una giornalista della BBC la incalza sul numero impressionante di operai morti nei cantieri per la costruzione dello stadio in Qatar: 1200, negli anni, e tutti immigrati. Zaha taglia corto e dice: "Non ho niente a che fare con gli operai; se c'è un problema, penso che se ne debba occupare il governo. Spero che queste cose vengano risolte". La ricchezza e la grandezza spesso fanno perdere il contatto con le esigenze di chi grandezza e ricchezza non ha, e Zaha, che ha lottato con tutte le sue forze per scalare un modello di potere maschile dove vince solo il più forte, non ha mai voluto costituire un'eccezione. Alberto Arbasino in una celebre intuizione scandì il percorso per diventare maestri in tre tappe: il talentuoso comincia da giovane promessa, vive da solito stronzo e alla fine diventa venerato maestro. Lo scrittore si è però dimenticato di dire che la parabola vale solo se sei maschio. Se sei una donna è assai probabile che resterai solita stronza per sempre, specialmente se avevi i numeri per essere maestra sin da subito. Il mondo le donne le vuole vittime e perdona loro il successo solo se rappresenta il riscatto da una condizione drammatica e svantaggiata. In loro tollera il talento solo se chiedono scusa per il fatto di averlo, bussando piano piano ed entrando in punta di piedi laddove gente che vale un terzo spalanca le porte con baldanza. Il mondo non sopporta che una donna nasca felice, viva riconosciuta e possa anche morire appagata, e tutti provano una certa soddisfazione nel vedere che chi è stata acclamata in vita arriva alla morte sola, mentre i parassiti che del suo talento si sono nutriti si dividono le spoglie. Questa guerra viscerale alle donne che ce la fanno è intimidatoria verso tutte quelle che vogliono provare a farcela: se scegli un perché invece che un per chi, vivrai e morirai sola, le donne che scelgono se stesse perdono infatti il diritto alla felicità.

La morte di Zaha è inscritta totalmente in questa narrazione: i 67 milioni di sterline del suo patrimonio senza eredi di sangue, più o meno 75 milioni di euro, sono stati affidati, secondo sue precise disposizioni, a un freddo trust, cioè a un'amministrazione fiduciaria con responsabili gli esecutori testamentari. Zaha, che non aveva la fiducia facile nemmeno in vita, avrà pensato che mettere un team di persone a gestire quell'immenso patrimonio potesse servire a non mandare in fumo il lavoro di tutta la sua esistenza. Ha fatto bene, visto che gli esecutori si sono azzuffati fin da subito perché uno di loro, proprio il Patrick eternamente al suo fianco, ha dichiarato di voler chiudere le scuole d'arte e abbandonare i progetti legati all'edilizia sociale. Gli altri esecutori testamentari e lo studio si sono pubblicamente dissociati e nella lettera aperta dello studio si legge: "L'urban policy manifesto di Patrik Schumacher non riflette il passato di Zaha Hadid Architects e non sarà il nostro futuro. Zaha Hadid non ha scritto manifesti. Lei li ha costruiti. Zaha Hadid non solo ha frantumato tutte le barriere, ma ha invitato i frantumi – di qualsiasi razza, sesso, religione o orientamento fossero – a unirsi a lei nel suo viaggio". È tutta in queste parole la sfida simbolica di Zaha Hadid, e forse è lì anche la sua vera eredità, il cui valore supera di molto quello del suo ingente capitale. Zaha ha scolto so stossa fino all'ultimo giorno e i frantumi che ha invitato a ricomporsi erano anzitutto i suoi. Cercare di tenere insieme tutti i pezzi in cui volevano smembrarla ha significato costruirsi un'armatura che poteva imprigionarla e che alla fine lo ha fatto. In lei la donna d'affari spietata non ha mai accettato di separarsi dalla profetica innovatrice delle forme, né si può distinguere l'occhio che teneva sempre rivolto al bilancio da quello che mirava fisso alla moschea di Cordoba, il posto per lei più bello del mondo, dove vedeva "l'origine e il futuro". Come tutte le persone che tengono insieme i propri frantumi, Zaha non poteva essere avvicinata senza vederne i lati taglienti. Valeva però la pena guardarli, perché alla fine l'unico specchio dove possiamo incontrare all'infinito il nostro volto è quello rotto.

INDICE

Mondadori Libri S.p.A.

Questo volume è stato stampato
presso ELCOGRAF S.p.A.
Via Mondadori, 15 - Verona

Stampato in Italia - Printed in Italy